JÖRG SPLETT · LERNZIEL MENSCHLICHKEIT

JÖRG SPLETT

LERNZIEL MENSCHLICHKEIT

Philosophische Grundperspektiven

JOSEF KNECHT · FRANKFURT AM MAIN

CIP-Kurztitelaufnahme der Deutschen Bibliothek

Splett, Jörg:
Lernziel Menschlichkeit : philos. Grundperspektiven. – 1. Aufl., 1.–3. Tsd.
– Frankfurt am Main : Knecht, 1976
ISBN 3-7820-0361-6

2. durchgesehene Auflage 1981

ISBN 3-7820-0361-6

Für
Hanna Bartels

ὡς χαρίεν
ἐστ' ἄνθρωπος,
ὅταν ἄνθρωπος ᾖ.

Wie bezaubernd
– welch eine Gnade –
ist ein Mensch,
wenn er Mensch ist!

Menander

INHALT

Menschsein als Frage 9

1. *Freiheit – Angst – Aggressivität* 19

Erinnerung an Sören Kierkegaard 20
Leibhaftige Freiheit 22
Geheiß und Verheißung 29
Verlust-Angst und Sich-Verlassen 34

2. *Ausweg Wissenschaft?* 42

Suche nach allgemein-verbindlichen Erklärungen 43
Wissenschafts-Glaube 49
Wissenschafts-Aberglaube 54
Wissenschaftsgläubigkeit oder Glaube an Freiheit? . . . 56

3. *Prüfstein Diskretion* 61

Unterschiede als Unterdrückung? 61
Kulturphänomen Scham 64
Bewahrung der Person und ihrer Selbsthingabe 67
Scham-Kultur 72
Diskretion und Seligkeit 78

4. *Glück im Selbstvergessen* 81

Selbstverzicht? 82
Selbstverleugnung? 86
Selbstvergessenheit 90

5. *Bildung als Dienst*. 96

   Bildung – wesenlos? 98
   Der Mensch – bildlos? 104
   Der Gebildete – selbstlos. 108
   Christliche Bildung 111

6. *Wort zur Antwort: Gebet* 115

   Theorie und ursprüngliche Praxis 116
   Gerufene Freiheit 122
   Antwort des Gerufenen: Dank – Bitte – Lob 127
   Nochmals die Frage: Aggression oder Faszination? . . 140

MENSCHSEIN ALS FRAGE

Immer ist der Mensch die Frage nach sich selbst. Die ersten Antworten darauf finden wir in den Urmythen und Entstehungslegenden der sogenannten Naturvölker und der frühen Kulturen. Dort, scheint es, sind zunächst weder Frage noch Antwort ausdrücklich als solche bewußt; sie werden Gestalt in den Riten, in Raum und Geräten des Kults; Wort werden sie im Mythos, in dem der Kult sich verdeutlicht – bis diese Weise der Selbstverständigung nicht mehr genügt, die Frage als rational philosophische bewußt wird und eine bewußt-theoretische Antwort erheischt.

1. Im Abendland bringt nach ersten vorsokratischen Ansätzen die Zeit des Sokrates die entscheidende Wende des Blicks auf den Menschen. Und diese Wende steht von Anfang an im Zeichen des Streits – damals zwischen der Aufklärung der Sophistik, die das Individuum mit seinem Durchsetzungswillen zum Maß aller Dinge erklärt, und der metaphysischen Philosophie, die den Menschen als Vernunftwesen in die übergreifende Ordnung des Kosmos hineinstellt.

Strittig sind Frage und Antwort seither geblieben. Dabei liegt es im Wesen der Philosophie, daß nicht erst die Antworten, sondern bereits die Frage im Streit steht. Wie immer man nämlich Philosophie definiert, ob als erste Wissenschaft, Lehre vom Ganzen aus Prinzipien, prinzipielle Reflexion auf Grunderfahrungen oder anders, stets zielt ihr Bemühen auf Prinzipielles. Darum beantwortet sie mit ihrer Antwort auf jedwede Frage zugleich stets auch die nach ihr und sich selbst; Definitionen, die sie zu irgendeinem Sachverhalt bietet, definieren unvermeidlich sie mit. Aus diesem Grund gibt es »soviele Philosophien wie Philosophen« (richtiger: soviele Gestalten der einen Philosophie ...); aus diesem Grund aber auch soviele Antworten auf die Frage des Menschen nach sich wie Philosophen[1].

Was besagt dies für die Frage danach, was und wer der Mensch sei? Es könnte bedeuten, sie sei vernünftigerweise nur durch ein geistes- und philosophiegeschichtliches Referat zu beantworten: durch die unparteiisch-neutrale Vorstellung der Antworten im Gang der Geschichte des Denkens. Oder man könnte, systematisch gewendet, sich zu der Auskunft genötigt sehen, daß es – jedenfalls philosophisch – keine Antwort auf die Frage nach dem Menschen gebe; gerade weil sich zu viele, nicht selten einander widersprechende Bestimmungen anbieten, so daß von daher das Unternehmen als solches, also die Frage selbst, verfehlt zu sein scheint.

Doch wie, wenn eben dieser Sachverhalt philosophisch reflektiert werden sollte – nicht anders als, in weiterem Rahmen, die Uneinigkeit bezüglich des Wesens von Philosophie überhaupt? Dort gilt ja, wie oftmals bemerkt: wer die Möglichkeit von Philosophie – oder auch nur ihr tatsächliches Vorhandensein – bestreitet, hat eben damit beides gesetzt; denn er philosophiert, weil die Bestreitung von Philosophie nur philosophisch möglich ist. Anders gesagt: In der Frage nach dem Menschen ist das/der Erfragte und das/der Befragte zugleich der Er- und Befragende. Es gibt also hier kein »subjekt-unabhängiges« Objekt der Frage – und ebensowenig eine solchen Gegenständen angepaßte reine Objektivität.

Dann wäre dies aber schon eine erste, vielleicht *die* erste und wesentliche Antwort philosophischer Reflexion: Der Mensch ist einer, der sich selbst zur Frage steht.

Nach einem Spruch Heraklits eignet der Seele ein Logos, der sich mehrt (fr 115), das heißt: das Wort ihrer selbst vertieft, bereichert sich, indem es sich artikuliert. Man wird also mit ihrem Wort nicht fertig, weil sie selbst mit sich nicht fertig wird. Es

---

[1] Der von M. Landmann edierte Sammelband: De homine. Der Mensch im Spiegel seines Gedankens, Freiburg–München 1962, bietet abschließend eine Bibliographie der Jahre 1900–1960 mit 1458 Nummern. – Vgl. auch M. Landmann, Philosophische Anthropologie. Menschliche Selbstdeutung in Geschichte und Gegenwart, Berlin [4]1969.

geht hier nicht um die Aussage über ein vorliegendes Objekt fester Wesensgestalt; in diesem Wort sagt ein Wesen *sich* aus, seine Aus-sage bedeutet Selbst-Artikulation, Tat freier Selbstgestaltung des »noch nicht festgestellten Tiers« [2].

So kann der Mensch erst aus dem Rückblick auf seine Geschichte, auf die Taten und »Objektivationen« seiner selbst in seiner Freiheit, sagen, was und wer er wirklich ist. Und diese Antwort kann solange nicht endgültig sein, als die Geschichte noch nicht an ihr Ende gelangt ist. Deren Ziel aber rücken gerade seine Antworten weiter hinaus; denn diese Aussagen gehören ihrerseits als freie Tat eben *in* die Geschichte des Menschen.

Darum stellt jede Antwort sich zugleich als Anfrage dar: als Frage an den Antwortenden selbst (ehe sie an seinen Hörer ergeht), wie er seine Antwort verstehe, das heißt genauer: wie er selbst sich in dieser seiner Antwort verstehe – im Sinn von Kierkegaards Hinweis: »Verstehen, was man selbst sagt, ist eines, sich selbst verstehen in dem Gesagten, ist ein anderes.« [3]

2. Der Mensch ist also jener, der sich selbst zur Frage steht. Und machen wir jetzt ausdrücklich, was bisher unausdrücklich schon mitschwang: die Frage ist niemals (nur) theoretisch, sondern stets auch, ja vor allem, praktisch gestellt. Sie stellt uns, indem, gar ehe wir sie stellen. Sie hat nicht bloß in dem Sinn ein Interesse, daß es ihr auf Antwort ankommt, sondern es kommt ihr auch und zuvor auf eine zu lebende Antwort an. Ja noch schärfer: Die Frage selbst, konkret gestellt, spricht einfach als diese, so (und nicht anders) gestellte schon eine gelebte Antwort auf sich selber aus.

Wie nämlich fragt der Mensch nach sich? Wenn er beispielsweise »topologisch« fragt, also in der Weise einer Standort-Suche zwischen Tier und Gottheit, dann versteht er sich offenbar als ein Wesen, das sich mit einer solchen Methode feststellen läßt. – Oder wenn er »rein theoretisch«, »streng wissenschaftlich« oder ähnlich nach sich fragen will: was setzt ein solches Vorge-

---

[2] F. Nietzsche, Jenseits von Gut und Böse, 62 (Werke in drei Bänden [ed. K. Schlechta] München 1955, II 623).
[3] Der Begriff Angst, Düsseldorf 1965, 148.

hen, das seinem Gegenstand doch gemäß sein soll und will, voraus? Und woher diese Voraussetzung?

Statt die spätere Diskussion über »Wissenschaft als Konfession« (Kap. 2) vorauszunehmen, sei nur ein Beispiel klassischer »Theorie« [4] angeführt: Pythagoras soll das Leben mit einer Festversammlung im Stadion verglichen haben, zu der die einen als Preiskämpfer, die anderen als Händler, die Besten aber als Zuschauer kämen [5]. – Ist diese (inzwischen sehr oft – zuletzt wohl aus christlicher Wurzel – kritisierte) Option für »theoretisches Leben« selbst theoretisch? Oder wurzelt der Primat der Theorie nicht offenkundig in einer Lebensentscheidung angesichts der »dramatischen« Situation des Menschen und seines Bedrohtseins durch das Schicksal?

Damit wäre die erste Auskunft wie folgt zu ergänzen: Der Mensch ist 1. einer, der sich selbst – im umfassenden Sinn des Wortes – zur Frage steht und der 2., in gerade solcher Fraglichkeit, nur als ein solcher da ist, daß er diese Frage nach sich selbst je schon (theoretisch-praktisch) beantwortet *hat*. – Wie aber das konkrete Daß und Wie seiner Frage sich stets als bereits gegebene, gelebte Antwort auf diese darstellt, so ist umgekehrt diese wie jede seiner Antworten wiederum Gegenstand seiner Frage. Woher und inwiefern dies?

Man hat den Menschen daraufhin zu einer Sackgasse der Naturentwicklung erklären wollen.

O daß wir unsere Ururahnen wären.
Ein Klümpchen Schleim in einem warmen Moor.
Leben und Tod, Befruchten und Gebären
glitte aus unseren stummen Säften vor.

---

[4] »Theorie« – ursprünglich offizielles Dabeisein beim Kult und dort befreiende Schau der Gottheit – war auch im philosophischen Verständnis etwas wesentlich anderes als heute. Man könnte sie eher durch »Meditation« oder »Kontemplation« bestimmen; jedenfalls geradezu als ursprüngliche Praxis (siehe unten S. 116f).

[5] Diogenes Laertius, Leben und Meinungen berühmter Philosophen VIII 1,8.

Ein Algenblatt oder ein Dünenhügel,
Vom Wind Geformtes und nach unten schwer.

So Gottfried Benn 1913 [6]. Und so heute die Flucht in Droge
und Rausch. – Doch zugleich drängt in solchem Fragen zuviel
Kraft, als daß diese Auskunft genügte und dieser Ausweg befrie-
digen könnte. Tatsächlich darf man die beiden Seiten nicht trennen: antwortende Frage und fragend-fragliche Antwort.

3. Daß dem Menschen seine Antwort fraglich ist, ist ja gerade
die Weise, wie er die Frage nach sich selbst beantwortet. Will
sagen: es ist mehr als bloße Konstatierung, es ist Selbst*bestimmung*, daß er sich als Fraglichen bestimmt. Als Fraglichen aber
bestimmt sich der Mensch, weil er sich als bestimmbar bestimmt.
Um seiner Bestimmbarkeit, seiner *Selbst*bestimmbarkeit willen
stellt er seine Bestimmtheit und seine Bestimmtheiten in Frage.
Was er ist, ist er nicht einfachhin; er ist nicht »perfekt«, d. h.
fertig, weil er nicht alles ist, was er sein kann – weil er mehr
sein kann, als er ist.

Der vorwiegend praktische Akzent der Fraglichkeit des Menschen ist so seine Möglichkeit; es ließe sich auch sagen: seine
Zeitlichkeit, akzentuierter: seine Zukünftigkeit. Oder nochmals
anders: seine *Freiheit*.

Darum genügt es nicht, wenn man auf die Frage nach dem
(Sein des) Menschen bloß mit einem ungeschichtlichen Natur-
und Wesensbegriff glaubt erwidern zu sollen. Ebensowenig genügt es, sich auf die Registratur vorliegender Selbstdeutungen
des Menschen zu beschränken. Und nicht bloß ungenügend,
sondern freiheitzerstörend wäre schließlich die ideologische
Verfestigung eines bestimmten historisch-gesellschaftlichen
Menschenbildes zum allein und allumfassend gültigen [7].

---

[6] Gesänge I, in: Ges. Werke III, Wiesbaden ²1963, 25. Vgl. W. Kuhn,
Der Beitrag der biologischen Anthropologie zu einem vertieften Personverständnis, in: J. Speck (Hrsg.), Das Personverständnis in der Pädagogik und
ihren Nachbarwissenschaften, 2 Bde. Münster 1966/67, I, 203–216.

[7] Vgl. M. Müller, Zur Problematik eines »christlichen Menschenbildes«.
Fragmente aus einem »Traktat über die Freiheit«, in: K. Färber (Hrsg.),
Krise der Kirche – Chance des Glaubens, Frankfurt/M. 1968, 185–216.

Menschsein ist gerade darum bleibende Frage, weil es weder um einen abstrakten Begriff geht noch um eine Sammlung einzelwissenschaftlicher Fakten. Nach dem *Menschsein* fragen heißt nach *Menschlichkeit* fragen. Und diese ist kein theoretisch-objektives Datum, sondern eine Zielwirklichkeit; das heißt, nicht ein vorliegendes Ziel, das es bloß zu erreichen, sondern eine Wirklichkeit, die es erst zu ver-wirklichen gilt.

Es geht hier um ein Wesen, das erst werden muß, was es sein soll. Und derart es selbst kann dieses Wesen zudem nicht einfach in sich und für sich selber werden, sondern allein auf anderes hin. Indem er anderes, nicht sich beginnt, beginnt der Mensch zu werden; indem er anderes, nicht sich tut, gewinnt er Gestalt; indem er auf anderes und jemand anderen aus ist, wird er – in diesem seinem gerichteten Interesse – mit sich identisch.

So lebt er in der bewegten Schwebe zwischen dem gewissermaßen punktuellen Freiheitsgrund der Person (darauf die Wörter »Ich« oder »Du« oder der Name zielen) und der irreduziblen Vielfalt der Bezüge, in denen er sein Dasein erwirkt und ver-wirklicht. Den Freiheitsgrund meint das Fragewort »wer«, dessen Ausgestaltung das »was«.

Kein Wer ohne Was. Ja, wenn wir konkret ein »Wer bist du?« zu beantworten haben, können wir es nur durch die Antwort auf das Was: man antwortet, indem man seinen Ort im sozialen Gefüge bezeichnet; auch der Name ist de facto ein Inbegriff von übertragenen und übernommenen »Rollen«. – Dennoch ist das Wer mit dem Was nicht identisch. Vielleicht läßt sich sogar das »Lernziel Menschlichkeit« aufs kürzeste in diese Formel bringen: daß die Wahrung der Differenz von Wer und Was gelernt werden müsse. Jedenfalls wollen die Überlegungen dieses Buches *hierzu* Grundperspektiven und Richtungshinweise herausarbeiten.

4. Wenn Menschsein eine Frage aufgibt, dann wird Menschlichkeit fraglich. – Man fragt nach ihr; nichts ist heute offenbar so sehr gefragt wie sie. Doch eben dies zeigt, wie wenig selbstverständlich sie ist. Was aber fraglich und bedroht scheint, erweckt Angst. Angst *um* es, doch zugleich auch, weil Angst selber ängstet und es deren Anlaß bildet, Angst *vor* ihm. (Denn die

Angst ängstigt den Menschen vielleicht noch mehr als die Gefährdung dessen, worum er Angst hat.)

Dann wären nicht nur Risiko und Gefährdung der Menschlichkeit Anlaß zur Angst, sondern umgekehrt zeigte die Angst selbst sich als eine ernste Bedrohung des Menschseins. Menschlichkeit hinwiederum wäre gefaßtes Leben mit der Angst, »getroste« Existenz: Gelassenheit. – In der Spannung dieser beiden Begriffe: Angst und Gelassenheit, haben die folgenden Überlegungen ihre gemeinsame Mitte.

Darum beginnt das erste Kapitel mit einer ausdrücklichen Besinnung auf diese Grund-Entscheidungs-Situation des Menschen. – Angst läßt sich von noch unentschiedener Freiheit nicht trennen. Muß Freiheit in ihr versinken oder sich im Kampf mit ihr verbrauchen? Bleibt ihr nur die Flucht der Selbstaufgabe oder gibt es eine Chance für sie, daran zum Ernst zu erwachen (einem Ernst, der menschlich nur ist, wenn er zugleich sich leicht nimmt)?

Seit jeher hat der Mensch Schutz vor der Angst in Auskünften gesucht, die ihm das unfaßlich Bedrohende faßbar und einordenbar machten. Zuerst sah er dies Ängstigende weniger in sich als in der Welt um ihn. Damals war es der Mythos, der das Chaos erhellte, sodann die wissenschaftliche Naturerklärung der jonischen Philosophen. – Suchte der Mythos das Verstehen noch in der Analogie zu zwischenmenschlichem Geschehen (etwa von Zorn und Versöhnung), so erklärte die Naturphilosophie das Überwältigende nach der Analogie zu Selbsthergestelltem und nahm ihm so seinen Schrecken [8]. – In welchem Maß nimmt auch

[8] Wenn für Empedokles der Mond sich um die Erde dreht wie die Rad-Nabe um die Achse und die Erde im Himmelsumschwung an ihrem Ort bleibt wie das Wasser in einem rundumgeschwungenen Gefäß, dann ist die Welt begreiflich geworden. »Von nun an gilt die Reduktion eines Vorgangs auf solche physikalischen Gegebenheiten als ›Erklärung‹... Was vom Menschen gebaut ist, scheint uns plausibler als das von der Natur Geschaffene. Aber der technische Vorgang ist uns im Grunde nur darum weniger geheimnisvoll, weil wir ihn wiederholen, weil wir ihn unserer Willkür unterwerfen können.« B. Snell, die Entdeckung des Geistes. Studien zur Entstehung des europäischen Denkens bei den Griechen, Hamburg 1948, 208f.

15

der Zeitgenosse die »Wissenschaft« dazu in Anspruch, sich in ähnlicher Weise wie jene vor der Natur nun vor dem ängstigenden Geheimnis von Dasein und Leben der Freiheit abzuschirmen? Diese Frage gibt dem zweiten Kapitel sein Thema.

Demgegenüber plädiert das dritte Kapitel statt für Flucht vor der Freiheit für Respekt vor dem Geheimnis und für den Mut zur Unterscheidung. – Das erste Kapitel wird als Ort der Freiheitsangst vor allem ihre Leiblichkeit erörtern: als die Dimension, in der zugleich Freiheit auf andere Freiheit und Freiheit auf beschränkende Naturbedingungen trifft. Von daher leuchtet ein, daß Szientismus (Wissenschaftsglaube) in besonderem Maß die Reduzierung von Leib und Leiblichkeit auf bloßes Körpersein bedeutet. (Person zerfällt in Körper und Vernunft, die beide für sich gleich un-menschlich sind.) Dem gegenüber zeigt sich, in derselben wesentlichen Dimension der Leiblichkeit, der geforderte Wille zur Unterscheidung als Wille zur Scham. Statt als beschämtes Nicht-wahrhaben-Wollen einer Minderwertigkeit wird sie hier als entschiedener Wille zur Wahrung von Wert und Würde des Menschen in seiner Ganzmenschlichkeit deutlich.

Zeigt sich so Menschlichkeit als Mut zur Differenz, das heißt, als Wille zur Spannung von Unterschiedenheit *und* Bezug (gegen Abkapselung oder Vermischung), so fragt das vierte Kapitel nach dem Motiv solcher Unterscheidung. Geht es um ein besorgtes Sich-Abgrenzen meiner und des Meinigen bzw., im Gegenwurf dazu, um selbstentgrenzende Ich-Preisgabe – oder vollendet Menschlichkeit sich nicht eben darin, daß sie, statt selbstbezogener Wille zum Ich oder ebenso selbstbezogene Flucht vor dem Ich, Bezug auf anderes, statt Bei-sich-Sein, Sein beim anderen ist? Nicht Selbst(bewußt)sein, sondern Entzücken hieße dann die Stern-Kategorie der Menschlichkeit.

So lautet in der Tat die Grundthese des Buchs. Ihr gemäß skizziert das fünfte Kapitel einen Bildungsbegriff, der dieses Ziel der »Menschwerdung« statt als Selbstausgestaltung als integrierendes Engagement versteht. Seine Menschlichkeit findet der Mensch in selbstvergessenem Dienst an seinem Auftrag.

Kann man also die ursprüngliche Praxis des Menschen als *Entsprechung* bezeichnen, dann zeigt sich als Grundbestimmung von Wort und *Sprache,* die dem abendländischen Denken das unterscheidend Menschliche bedeuten, ihr *Antwort*-Charakter. Frage und Antwort, als die der Mensch lebt, sind stets seine Antwort auf den Ruf, aus dem er lebt. Antwort wem? – Aufgrund der Einsicht, daß Menschlichkeit im Ernst nur von einem persönlichen Gott her und auf ihn hin radikal und umfassend begründet werden kann[9], bedenkt das Schlußkapitel das Grundwort des Menschen als Wort zu diesem Gott: als fundamentales Gebet.

Man sieht, es ist nicht ein Gesamt-Grundriß christlicher Anthropologie beabsichtigt[10]. Auch nicht die Erörterung von Grundsektoren, besser: Grunddimensionen der Gesamtwirklichkeit menschlichen Daseins[11]. Es geht in diesem Gesprächsbeitrag vielmehr darum, an der früher konturierten Lebens-Gestalt menschlicher Freiheit sozusagen konvergierende »Schwerlinien« sichtbar zu machen – als Vorklärung zu weiteren Erörterungen über Halt und Gleichgewicht derart gewagter Existenz. (Deshalb bauen die Kapitel in ihrer Folge auch weniger aufeinander auf, als daß sie jeweils von ihrem Ausgangsort her auf den selben Mittelpunkt führen.)

Der Schwer- und Zentralpunkt, von dem diese Linien ihre Ausrichtung erhalten, ist nach der genannten Grundthese der hier vertretenen Anthropologie die »strukturale Selbstlosigkeit« des Menschen, das heißt, die Tat-sache, daß es dem Menschen im Grunde gar nicht um sich geht. Anders gesagt: Möglichkeit und Sinn der Menschlichkeit des Menschen werden darin gesehen, daß er sich durch seine Liebe bestimmt.

»Sag mir, worum es dir geht, und ich sage dir, wer du bist.« Augustinus hat es im Sprachspiel der antiken Physik so formuliert: »Meine Liebe ist mein Gewicht«, das heißt, jene Zugkraft,

---

[9] Damit soll weder gesagt sein, sie sei hierdurch *garantiert,* noch, sie sei außerhalb eines ausdrücklichen Gottesbezugs nicht möglich; es geht vielmehr um ihre prinzipielle Begründung. Siehe vor den Erörterungen des letzten Kapitels die kurze Klarstellung auf S. 52f.

[10] J. Splett, Der Mensch in seiner Freiheit, Mainz 1967.

[11] J. Splett, Konturen der Freiheit. Zum christlichen Sprechen vom Menschen, Frankfurt/M. 1974; ²1981.

die ein Wesen an den Ort seiner Bestimmung bringt[12]. –
»Menschsein als Frage« ist die Frage an den Menschen, welchen
Gewichts er sein wolle; wohin er unterwegs sei. Wovon und wo-
hin er gewillt sei, sich tragen zu lassen.

[12] Confessiones XIII 9,10.

1. FREIHEIT – ANGST – AGGRESSIVITÄT

Fraglichkeit ängstet. – »Das Problem der Angst kann und muß unter sehr verschiedenartigen Aspekten untersucht werden. Der philosophische Aspekt ist nur einer unter anderen. Ich behaupte nicht, daß er der wesentlichste und wichtigste sei – von den konkreten und realen Problemen der Angst weiß der Mediziner, der Soziologe oder der Politiker sicher mehr zu sagen als der Philosoph. Die philosophische Betrachtung verbleibt notwendig im allgemeinen, in das sie das Konkrete aufzuheben sucht. Wie weit eine solche Betrachtung wiederum auf das Konkrete zurückzuwirken vermag, ist nie im vorhinein auszumachen...« (Walter Schulz)[1].

Dabei kämen zu den von W. Schulz genannten Autoritäten mindestens noch der Psychologe, der Therapeut und vor allem der Theologe sowie der Priester dazu – und nochmals eigens die Dichter und Künstler[2]. Läßt sich der »philosophische Aspekt« reinlich von diesen Perspektiven trennen? (Wieweit wäre der Wille dazu selbst ein Zeichen von Angst?)

Freilich unterscheidet er sich von ihnen durch sein Abzielen auf das Allgemeine, oder, wie man wohl besser formulierte, auf das Prinzipielle und die Wesensfrage. Was ist Angst im Grunde? Wie, als was, von woher ist sie zu verstehen? Hier soll eine Antwort auf die Frage im Blick auf die <u>Freiheit als Grundbestim-</u>

---

[1] Das Problem der Angst in der neueren Philosophie, in: H. v. Ditfurth (Hrsg.), Aspekte der Angst. Starnberger Gespräche 1964, Stuttgart 1965, 1–13, 1.

[2] Vgl. etwa H.-G. Evers (Hrsg.), Zeugnisse der Angst in der modernen Kunst. Katalog der Ausstellung zum 8. Darmstädter Gespräch, Darmstadt 1963.

mung des Menschen versucht werden[3]. – Geschichtlich gewendet verlangt das, daß wir erst den Beitrag Sören Kierkegaards zum Thema wieder-holen.

Erinnerung an Sören Kierkegaard

Unter dem Pseudonym »Vigilius Haufniensis [= Wächter von Kopenhagen]« hat Kierkegaard im Jahre 1844 das Buch »Der Begriff Angst« erscheinen lassen[4]. Der Untertitel charakterisiert das Werk als »eine schlichte psychologisch-andeutende Überlegung – in Richtung auf das dogmatische Problem der Erbsünde«. Von dem Bezug auf dogmatische Theologie sei für jetzt abgesehen; das Wort »psychologisch« kann man auf den heutigen Sprachgebrauch hin an dieser Stelle (wie im Untertitel der fünf Jahre später vorgelegten Schrift über die »Krankheit zum Tode«) durchaus mit »phänomenologisch«, »(philosophisch-)anthropologisch« übersetzen.

In diesem Sinn nun führt Kierkegaards Untersuchung den Begriff Angst im Kontext der Begriffe Geist, Möglichkeit, Nichts und Freiheit ein. »Man sieht den Begriff Angst nahezu niemals in der Psychologie behandelt, ich muß daher darauf aufmerksam machen, daß er ganz und gar verschieden ist von Furcht und ähnlichen Begriffen, die sich auf etwas Bestimmtes beziehen, wohingegen Angst die Wirklichkeit der Freiheit als Möglichkeit für die Möglichkeit ist« (40).

Diese Unterscheidung, die vor allem Martin Heidegger und Karl Jaspers übernommen haben, wird mit sprachlichen und

---

[3] Für eine konkrete Füllung unseres philosophischen Grundrisses sei auf ein so klares und hilfreiches Buch verwiesen wie F. Riemann, Grundformen der Angst. Eine tiefenpsychologische Studie, überarbeitet und erweitert nun im 44.-51. Tausend (München–Basel [9]1975).

[4] Die Pseudonymsetzung ist nachträglich erfolgt und hat nur geringe Änderungen im Gefolge gehabt. »Im Unterschied von anderen, echt pseudonymen Schriften darf also jedes Wort im Begriff Angst als Ausdruck von Kierkegaards eigener Meinung gelesen werden.« E. Hirsch, in: S. Kierkegaard, Der Begriff Angst – Vorworte, Düsseldorf 1975, VIII. Auf diese Ausgabe beziehen sich die folgenden Seitenangaben im Text.

psychologischen Gründen bestritten; doch spricht für sie, daß damit eine Differenz markiert wird, die zweifelsohne besteht, unabhängig davon, wie man sie terminologisch erfaßt. Das hier »Furcht« Genannte bezieht sich auf konkrete Bedrohung; Tapferkeit hat sie niederzuhalten. Angst meint nicht etwas Bestimmtes, sondern »nichts« – oder den Horizont von allem. Insofern gilt bezeichnenderweise, daß die klassische Antike »wohl Phänomene der Furcht [thematisiert], aber nicht das Phänomen der Angst«. Die Furcht wird bei den Griechen »nie zu einer unbestimmten Weltangst ausgeweitet«. Sie erscheint erst im Ausgang der Antike, in der Gnosis und im frühen Christentum [5].

Diese Angst bestimmt Kierkegaard erstlich als dialektisch zweideutige Erscheinung: In ihr verschwistern und durchdringen sich (wiederum: anders als bei der Furcht) Abwehr und Angezogenheit des Menschen – wie gesagt, nicht bezüglich eines Etwas, einem Bekannten gegenüber; die »sympathetische Antipathie und antipathetische Sympathie« (40) gelten vielmehr dem bloßen »Können«, der Möglichkeit als solcher, wozu Freiheit die Möglichkeit ist (40, 43). »Solchermaßen ist die Angst der Schwindel der Freiheit, der aufsteigt, wenn ... die Freiheit niederschaut in ihre eigene Möglichkeit [–:] und sodann die Endlichkeit packt, sich daran zu halten« (60f.).

Die Folge zeigt, gemäß dem Untertitel, daß Kierkegaard die Angst in enger Verbindung mit der Schuld behandelt: im bisher Erinnerten als Angst der Unschuld – vor dem, was für sie, noch ohne Kenntnis des Bösen, nur ein Nichts sein kann; sodann als Angst des Schuldiggewordenen (dessen, der sich an das Endliche geklammert) – vor der Schuld und ihren Folgen, also vor dem Bösen; als Angst der Verdrängung der Schuld; schließlich als dämonische Angst vor dem Guten, seinem offenbarenden Licht und seiner schmerzenden Kraft zur Verwandlung.

Bekundet sich in solcher Angst die Unfreiheit der Freiheit, also ihre Unwirklichkeit, so ist sie gleichwohl Angst der *Freiheit*, also ihrer Möglichkeit. Ja, mehr als das, diese Angst unfreier

---

[5] W. Schulz 1 f.

Freiheit ist geradezu deren Möglichkeit selber und darum der Hoffnungs-Keim erneuernder Befreiung.

Kierkegaard sieht so zuletzt in ihr den entscheidenden Weg des Menschen zum Heil, wenn es ihm nur gelinge, weder der Angst in Geist- und Freiheitslosigkeit hinein zu entfliehen noch in ihr zu versinken. »Wer daher gelernt, sich zu ängstigen nach Gebühr, der hat das Höchste gelernt« (161): das heißt, er hat gelernt, nicht krampfhaft nach dem Endlichen zu greifen, sondern sich glaubend dem Ungreifbaren anzuvertrauen, dessen Wirklichkeit er ja gerade in der Angst erfahren hat.

Auf die Fülle konkreter Phänomenanalysen des Dänen braucht das Referat nicht einzugehen; auch nicht auf die Grenzen seiner Sicht, wonach der Leib und insbesondere dessen Geschlechtsbestimmtheit als Scham des Geistes und insofern als Quelle seiner Angst verstanden werden (68 – siehe dazu Kap. 3). Doch liegt tatsächlich der Springpunkt der Angst in der Leibhaftigkeit der Freiheit: in der Spannung von Wort und Gedanke, Gesinnung und Tat, Intention und gestalteter Realität. Es geht hier um die »Fragwürdigkeit des Symbols«, also die Uneindeutigkeit im Erscheinen und der Selbstverwirklichung von Freiheit[6]. – Verdeutlichen wir uns zunächst diese fundamentale Situation.

Leibhaftige Freiheit

Im Versuch, den unableitbaren Reichtum des als Leib und Leiblichkeit Erfahrenen auf den Begriff zu bringen, sei hier Leib(lichkeit) als Da-sein für andere(s) definiert. Vielleicht wendet man ein, diese Bestimmung sei noch nicht einfach genug, ihr gehe die eines bloßen Daseins voran. In der Tat gibt es das Phänomen gleichsam weltvergessenen rein innerlichen Leibbezugs. So gewinnt Hermann Schmitz seine Definition des Leibes als absoluter Örtlichkeit gerade aus dem Ansatz beim »eigenleiblichen Spüren« von Müdigkeit, Behagen oder Frische[7].

---

[6] Vgl. Konturen der Freiheit, Kap. 2.

[7] Der Leib im Spiegel der Kunst (Teil 2 von Bd. II seines »Systems der Philosophie«), Bonn 1966, 12. Es gibt »einen Ort der Müdigkeit und Frische,

Doch ist wohl nicht von ungefähr »die Sprache auf diesem Gebiet merkwürdig dürftig entwickelt« (ebd.). Bezeichnenderweise wählt Schmitz seine Beispiele aus der Situation des morgendlichen Erwachens, von der Müdigkeit und dem Zerschlagensein bis zur Frische nach Bad und Morgenkaffee; denn voll erwacht, ist der Mensch dann eigentlich nicht mehr bei sich und seiner Zuständlichkeit, sondern »bei der Sache«, mit der er zu tun hat. Und wo wie im autogenen Training das eigenleibliche Spüren eigens geübt wird, erscheint eben der eigene Leib nochmals als eine solche »Sache«, als gleichsam anderes, das »schwer« oder »warm« wird, wohinein man sich verliert[8].

Bernhard Welte bezeichnet den Leib darum als Wesensmedium. Die Stimme z. B. ist nicht dort frei, wo sie selbst sich (etwa als besonders gepflegt) bemerkbar macht, sondern dort, »wo sie in sich gar nichts ist, vielmehr nur das reine Da des Gesanges«. »Wo immer darum Leiblichkeit hinter diesem ihrem Wesen, Medium des Lebens unser selbst zu sein, zurückbleibt, wo sie sich selbst bemerkbar macht *neben* dem, was wir selbst sind, da ist nicht nur unser Leben durch sie gehemmt, sondern die Leiblichkeit selber erscheint dann gebrochen und gehemmt.«[9] – Wir aber sind nicht einfach da, sondern sind da für anderes; unser Lied und Wort gehen jemanden an.

In der Tat ist »für anderes« nur eine Verdeutlichung von Dasein. Und diese Verdeutlichung zeigt zwei gegenläufige Richtungen auf: einmal ist, was da ist, für jemanden da als *Objekt*

---

der spürbar genau bestimmt ist, ohne durch räumliche Orientierung bestimmt zu sein. Dieser Ort ist der Definition gemäß ein absoluter Ort« (ebd.).

[8] Etwas anderes als Leiblichkeit ist schließlich die Körperlichkeit, bzw. Materialität und Stofflichkeit als solche. Deren Begriff (insofern sie das Unbegreifliche schlechthin ist – alles, was wir an ihr begreifen, ist ja bereits deren Form, wie sie etwa die Formeln der Physik aussprechen) möchte ich in der Faktizität, dem puren Dasein, der »*Tatsächlichkeit*« sehen – ohne daß wir dieser Sonderfrage hier näher nachgehen könnten und müßten.

[9] B. Welte, Leiblichkeit als Hinweis auf das Heil in Christus, in: ders., Auf der Spur des Ewigen, Freiburg 1965, 83–112, 85. Ebd.: »Wir kennen das Gehemmte der singenden Stimme, das Linkische der äußeren Bewegung, das entsteht, sobald diese Funktionen nicht reiner Ausdruck sind, sondern unter einer isolierenden Reflexion sich vollziehen.« (Vgl. jedoch S. 80.)

seines Wissens und Handelns; eben darin aber bestimmt es seinerseits dessen Situation, das heißt, was da ist, ist andererseits im Sinn des *Subjekts* für anderes da: Leiblichkeit besagt die Möglichkeit (und stets schon deren Wirklichkeit) von Bestimmen und Bestimmtwerden zumal.

Man sieht, hier läßt sich nicht trennen. Doch wiederum kann und muß man unterscheiden, und aus praktischer Notwendigkeit müssen wir das Unterschiedene auch – vorläufig – getrennt behandeln.

1. Beginnen wir mit dem Aspekt des Bestimmens. Bestimmen-können (Möglichkeit) sagt Unbestimmtheit. Damit wird nicht totale Unbestimmtheit gefordert. Nicht einfach alles ist jeweils möglich, sondern eben nur das Mögliche; und die Möglichkeit selber ist als Möglichkeit bestimmt (sie ist weder Notwendigkeit noch Unmöglichkeit). Gleichwohl ist Möglichkeit der Raum des (bislang) Unbestimmten; stets ist Verschiedenes möglich, ja einander Widersprechendes.

Eben dies unterscheidet Wirklichkeit und Möglichkeit. Das Wirkliche nämlich hat im Maße seiner Verwirklichung den Widerspruch beseitigt: was ist, das ist, und kann nicht zugleich (im selben Sinne) nicht sein. Ausgeschlossen aus der Wirklichkeit, regiert jedoch der Widerspruch im Reich des Möglichen: möglich sind immer zugleich etwas *und* sein Gegenteil; was nur sein *kann*, kann stets zugleich auch nicht-sein.

Der Mensch in seiner Wirklichkeit nun ist gewiß vielfältig bestimmt. Doch, wie schon oben, S. 13 bemerkt, ist er nicht einfachhin, was er ist, er ist nicht fertig, weil er noch nicht alles ist, was er sein kann.

Die durch Taten und Geschehnisse auf eine bestimmte Wirklichkeit zusammengezogenen Möglichkeiten werden durch das Denken immer neu entbunden, indem es, was ist, aus-denkt in das, was sein könne und könnte. Und das Denken vermag dies, weil Vernunft Moment von Selbstbestimmung, Instrument der Freiheit ist. Das heißt, die Wirklichkeit der Freiheit ist Verwirklichen; sie ist statt fertiger Antworten Antwort-Geschehen.

Darum besagt Freiheit Fraglichkeit. Der Freie *ist* nicht einfachhin: er ist gefragt, ob er sein *wolle*, was er ist. Denn auch zum Unabänderlichen läßt sich Stellung nehmen, und daß der Mensch dies *muß*, das eben bedeutet Freiheit.

Frage nach sich und je neue Antwort darauf ist der Mensch unweigerlich, Freiheitswesen ist er unausweichlich. Auch Frageverbot und Antwortverweigerung stellen Antworten dar, auch Stimmenthaltung besagt Stellungnahme, auch Selbstauslöschung geschieht aufgrund von Entschluß.

Wie hat man diese Offenheit, diese Fraglichkeit zu verstehen? Sie schlicht als Faktum, pure Struktur hinzunehmen, reicht nicht zu, weil Frage und Antwort sich ebenso unausweichlich als *Sinn*frage stellen. Ist Freiheit also Verdammtsein zu sich oder Dasein aus Gnade? – Da aber jede Auskunft schon der Freiheit selber, ihrer *Selbstbestimmung* entspringt, kann der Fragende auch kein Deutungsangebot einfachhin übernehmen – ebensowenig, wie er das Faktum bloß hinnehmen konnte.

Sollte die entsprechende Reaktion auf solche »condition humaine« nicht Angst sein? – Ehe man wie Kierkegaard an Schuld und Selbstverfehlung denkt, ehe man die Möglichkeit des Bösen in den Blick nimmt, das Hegel den existierenden Widerspruch genannt hat [10], ist es schon der in der Möglichkeit als Möglichkeit »existierende« Widerspruch, der die Freiheit schwindeln zu machen droht. Er löst die Konturen der Wirklichkeit auf und verflüssigt die Festigkeit des Festgestellten und Festgelegten; er rührt auf, was sich gesetzt hat. Und solche Auflösung droht nicht nur äußeren Fakten, objektiven Zuständen und Sach-Bedingungsgefügen; der »Aufruhr« droht der Freiheit selbst, die heute, ein für allemal, sich »festlegen«, sich selbst bestimmen will – und fürchten muß, daß diese ihre Bestimmung von ihr selbst desavouiert, zum Material neuerlicher (Um-)Bestimmung gemacht wird.

Dieser Sachverhalt *muß* »Enge und Beklemmung« hervorrufen. Möglichkeit besagt nach dem Gezeigten stets auch eine mögliche *Beeinträchtigung* gegenwärtiger Realität, und dies nicht bloß in Nebensachen.

[10] Berliner Schriften (J. Hoffmeister), Hamburg 1955, 315 (Jub.-Ausg., H. Glockner 20, 298).

2. Wenden wir nun den Blick vom Bestimmen und Bestimmenkönnen der Freiheit zum Gegenpol ihres Bestimmtseins und Bestimmtwerdens, dann zeigen sich auch hier – statt, wie vielleicht zunächst vermutet, Heilmittel *gegen* – Gründe *zur* Angst. Teilweise sind es sogar dieselben.

Selbst wenn man Freiheit als ängstigende und *sich* ängstigende Unbestimmtheit vor Augen hat, zeigt sie die Dialektik, die Jean-Paul Sartre auf die schon angeklungene Formel »zur Freiheit verurteilt« gebracht hat [11]. Ängstigt schon die Möglichkeit als solche, so noch einmal deren Notwendigkeit, das heißt, Unentrinnbarkeit. Die Freiheit »ist weder frei, nicht zu existieren, noch, nicht frei zu sein« (616) [12].

Zu diesem in sich dialektischen Moment der Unbestimmtheit tritt nun das Faktum, daß eben diese offene Freiheit als solche sehr wohl bestimmt ist: nicht bloß abstrakt in dem selbstverständlichen Sinn, daß sie nicht alles und nichts, sondern gerade Freiheit ist (und sein muß), sondern darüber hinaus in der konkreten Weise, *wie* sie, als *bedingte* Freiheit, wirklich ist und sich verwirklicht.

Immer noch formal und allgemein genug läßt diese Daseins-Weise sich durch drei Momente oder Koordinaten bestimmen: durch Interpersonalität, Naturalität (Leiblichkeit) und Wahrheitsbezug. Und wir werden sehen, wie jedes dieser Momente Grund zur Angst gibt.

a) Die erste Dimension ist damit gegeben, daß tatsächlich und prinzipiell Freiheit nur im Mit- und Zueinander von Freiheitswesen existiert. Person lebt in personalen Vollzügen; diese aber verlangen zu ihrer Erfüllung entsprechende Antwort. Aufgrund solcher »wesensgemäßen Gegenseitigkeit und Gegenwertigkeit« von Liebe, Achtung, Versprechen und ähnlichem konnte Max

[11] Das Sein und das Nichts, Hamburg 1962, 189 u. ö.

[12] »Die Tatsache, nicht nicht frei sein zu können, ist die Faktizität der Freiheit, die, nicht (mehr) nicht existieren zu können, ist ihre Kontingenz« (ebd.). Die Übersetzung hier nach dem Original: L'être et le néant, Paris (Gallimard) [13]1950,567; in der deutschen Ausgabe hat der Wegfall der zweiten »nicht« den Satz ins Gegenteil verkehrt.

Scheler sagen, daß »Gemeinschaft von Personen überhaupt zur evidenten Wesenheit einer möglichen Person gehört« [13].

Offen ist die theoretisch-praktische Deutung, das gedachte wie gelebte Verständnis dieser Struktur. Man kann dieses fundamentale Mit- und Zueinander als Auseinandersetzung und Kampf verstehen, und zwar so, daß es hierbei eigentlich um Leben und Tod geht.

Dann mag dieser Widerstreit ausweglos erscheinen wie bei Jean-Paul Sartre; es mag sich der Ausweg eines »Arrangements« anbieten, einer notgedrungen sich bescheidenden Abgrenzung von Freiheitsräumen und Einflußsphären, die Recht und Gesetz garantieren; oder uns wird sogar eine wirkliche Versöhnung verheißen, so von G. W. F. Hegel und Karl Marx (mit welchem Recht, wenn tatsächlich am Anfang der Streit steht?).

Auf der anderen Seite ergeht die Einladung dazu, das Miteinander der Freiheiten als ursprüngliches Miteins, als Liebesgemeinschaft zu denken. Unsere davon abweichende Realität müßten wir dann als sekundär und nicht-sein-sollend verstehen. Und wenn sie in Wahrheit nicht so sein sollte, dann *müßte* sie auch nicht so sein, wie sie ist; das heißt, sie wäre frei, durch Schuld gesetzt, und so, statt unaufhebbar tragisch, erlösbar [14].

b) Begnügen wir uns zunächst mit dem bloßen Hinweis auf die sich hier zeigende Alternative und wenden wir uns dem zweiten Bestimmungsmoment zu.

Das Miteinander, wie immer man es verstehe, bedarf zur Kommunikation eines Mediums, das nicht selber Freiheitswesen sein darf, aber eigengesetzlich sein muß: zur Interpersonalität gehört die Koordinate des Naturalen. Man kann dies am »Tonträger« Luft zwischen den Sprechenden veranschaulichen. Sie darf einerseits nicht selbst die Worte ändern können, andererseits nicht durch den Hörenden beliebig veränderbar sein, da er ja das *Gesagte* hören soll. Weniger äußerlich zeigt sich das Gemeinte

[13] Der Formalismus in der Ethik und die materiale Wertethik. Neuer Versuch der Grundlegung eines ethischen Personalismus, Bern–München ⁵1966, 524.

[14] Vgl. Konturen der Freiheit 92–124.

an der Sprache selbst, die den Sprechenden nicht nur als Sprache überhaupt, Sprachvermögen (F. de Saussure: *langue*), sondern in der Gesamtheit der faßbaren Äußerungen ihrer Sprache mit Grammatik und Wortschatz (*langage*) vorausliegt. Erst das ermöglicht Miteinander-Sprechen (*parole*). Sich äußern heißt, sich im allgemeinen zu artikulieren, so sehr darin der individuelle Einzelne *sich* äußert und seine Besonderheit ausspricht.

In der Terminologie des Deutschen Idealismus handelt es sich hier um die Unterscheidung (und Untrennbarkeit) von An-sich-(bzw. Für-sich-)Sein und Für-andere-Sein, also um die Differenz von Erscheinung und dem, was bzw. dem, der erscheint. Nennen wir die erscheinende Freiheit personal, das Personale, Person, dann seien ihre Erscheinung sowie deren Medium und Material als das Naturale bezeichnet. Interpersonalität besagt zugleich auch Naturalität.

Auch diese Naturalität der Freiheit unterliegt wie ihre Interpersonalität verschiedener Bewertung. Besonders deutlich wird dies bezüglich jenes Existenzmomentes, in dem die erste und zweite Bestimmung am engsten und auffälligsten miteinander verknüpft sind: bei der Geschlechtlichkeit des Menschen. Die Bestimmung des Ich durch das Nicht-Ich zeigt sich hier zugleich als Bestimmung durch die andere Person und durch das Naturale. Auf die Verdrängung dieses »Existenzials« (das auch in Heideggers »Sein und Zeit« fehlt) und auf die Zusammenhänge mit der ängstlichen Abwertung des Weiblichen wie der Stofflichkeit überhaupt im abendländischen Denken wird seit einiger Zeit von verschiedenen Seiten her eindringlich hingewiesen (in Appellen, die ihr Recht nicht einfach schon dadurch verlieren, daß sie sich zum Teil schrill ideologisch artikulieren).

Ebenso durchdringen sich die beiden Nicht-Ich-Bestimmtheiten der Freiheit (die durch *den* bzw. die anderen und die durch *das* andere) in der sprachlich vermittelten Arbeit und in der umfassenden Dimension des Gesellschaftlichen [15]. – Wird die Ge-

---

[15] Vgl. etwa J. Habermas, Arbeit und Interaktion, in: ders., Technik und Wissenschaft als ›Ideologie‹, Frankfurt/M. [2]1969, 9–47.

schlechtlichkeit von der (Tiefen-)Psychologie thematisiert, so dies von der Soziologie.

Und in welchem Ausmaß wiederum haben es beide Wissenschaften mit der Angst der Menschen zu tun! Zu der Angst vor der eigenen Freiheit tritt hier die Angst vor der Freiheit des anderen und die Angst *um* die Freiheit (die eigene wie die des anderen) vor den anonymen Mächten des Natural-Triebhaften wie des »quasi-natural« gesellschaftlichen Getriebes (Technik, Wirtschaftszusammenhänge, Krieg...).

Diese Bedrohungen sind nochmals ihrerseits miteinander verschränkt, mitunter gegenläufig, so daß Freiheit sie gleichsam gegeneinander ausspielen kann (wie im Märchen das tapfere Schneiderlein die beiden Riesen), zumeist jedoch sich gegenseitig steigernd. Das erklärt den Streit der beiden »Wissenschaften unserer Zeit« um den Primat und das breite Buchangebot psychologisch-soziologischer Mischthematik.

Gerade aufgrund dieser Verschränkung und der Unabschließbarkeit der Diskussion um die fundierende Rolle von psychologischer oder soziologischer Analyse sieht sich der Mensch in der Frage nach sich noch einmal weiter verwiesen: zur Frage nach dem Woher und Wozu dieser natural-personalen Gemeinsamkeit.

c) Damit rückt das vorhin an dritter Stelle genannte Bestimmungsmoment in den Blick. In Wahrheit ist es allerdings das erste und umfassende; nicht eigentlich Dimension neben den anderen, so daß es in Addition mit ihnen den Daseins-Raum der Freiheit bildete. Es eröffnet vielmehr und räumt diesen Raum allererst ein: als Dimension der Dimensionen. Statt um eine der Koordinaten von Freiheit geht es hierbei um ihr Woher und Wozu überhaupt.

Geheiß und Verheißung

Damit verbinden Daß- und Was-Fraglichkeit sich zur einen *Sinn*-Frage nach dem Grund und Abgrund leibhaftig existierender Interpersonalität. Bisher war von Faktizität und Muß-Strukturen die Rede; nun fragt das Warum über Tatsächlichkeit und Bedingungsnotwendigkeiten hinaus.

1. In einem ersten Hinblick sei das Gemeinte als Sollen und Geheiß verdeutlicht. Im Miteinander der Freiheiten nämlich sind diese nicht nur faktisch unausweichlich engagiert, nach unumgänglichen Strukturgesetzen: es geht ihnen darin um Wahrheit, das Gute und Rechte, um Menschlichkeit oder wie immer, und zwar so, daß sie dieses Ziel nicht bloß tatsächlich anstreben, nicht bloß ein Recht zu ihrer Zielsetzung behaupten, sondern daß sie diese Ausrichtung selbst als recht und gut, ja als gefordert vertreten. In der *Unwiderruflichkeit* von Dasein als solchem und in der *Unvermeidlichkeit* seiner Strukturen zeigt sich damit *unbedingt* Betreffendes.

Aufs kürzeste läßt sich das wohl an einem möglichen Disput über diese Behauptung selbst verdeutlichen: Wer nämlich hier widerspräche, dürfte dies nicht aus irgendwelchen anderen Interessen, weder aus privaten noch aus allgemeineren, tun, wenn er ernstlich Gehör finden will, sondern nur aus dem Willen zur Wahrheit. Das *Wahrheits*interesse aber versteht sich selbst weder als beliebig noch als gezwungen, sondern es wird tätig aus *Pflicht*. (Zu sagen: »ob recht oder unrecht, es dient jedenfalls uns bzw. der Menschheit« – das heißt: irgendeiner [behaupteten] Majorität –, bedeutet das Ende jeder prinzipiellen Diskussion und ersetzt folgerichtig den Disput durch Kampfmaßnahmen.)

Zwei Namen vor allem hat die Tradition für dieses Letztbetreffende (Paul Tillich: »ultimate concern«) immer wieder herangezogen: den Namen des Lichtes, um das gewaltlos souveräne Selbstgerechtfertigtsein dieses Anspruchs auszusagen – und eben den Namen »Anruf«, »Anspruch«, um seinen Freiheits- und Personal-Charakter herauszustellen. Nur eine solche Wirklichkeit kann ja den Menschen *unbedingt* betreffen, da nur ein Anspruch, der *als* solcher *gemeint* ist, ihn als Anspruch binden kann. Natürlich ist man auch aufgrund von Sachstrukturen an bestimmte Mittel und Wege gebunden, *wenn* man ein bestimmtes Ziel erreichen will. Hier aber geht es um die Erfahrung eines »Du-sollst« ohne Wenn und Umzu. Wahrheit, das Gute sollen sein und anerkannt sein, nicht weil sie nützen, weil sonst die

Menschen nicht mehr miteinander leben könnten oder ähnlich, sondern schlechthin: um ihrer selbst willen, »ob ihrer Herrlichkeit«[16].

Dieser Anspruch muß nicht stets als solcher erlebt und gewußt sein, um in seiner Verbindlichkeit erfahren zu werden; aber zumindest in der Diskussion, bei der Rechtfertigung gegenüber anderen Imperativen wird zuletzt dieses Moment zur Sprache kommen müssen, um den Gehorsam unter solchen Ruf von egoistischem Starrsinn zu unterscheiden. Religiös heißt die Formel dafür: »Man muß Gott mehr gehorchen als den Menschen« (Apg 5,29)[17].

Wie aber steht es angesichts eines solchen Anspruchs um die Freiheit? Zwar wollen wir gleich jene Betrachtungsebene hinter uns lassen, die Freiheit als pure Willkür auffassen möchte und so durch den Anspruch als solchen Freiheit bereits negiert sieht. Es sei vielmehr ausgemacht, daß ein Anspruch allein *an* Freiheit ergehen, daß nur Freiheit sollen kann – eben dies unterscheidet streng die beiden (umgangssprachlich immer wieder vermischten) Gegebenheiten *Sollen* und *Müssen*. – Es sei darüber hinaus zugestanden, daß nicht nur der Anspruch die Freiheit, sondern vor allem die Freiheit den Anspruch voraussetzt, jede Wortmeldung erklärt sich ja, wie zuvor anklang, letztlich entweder aus einem drang- oder zwanghaften Müssen oder aus dem Sollensgehorsam[18].

[16] Vgl. Der Mensch in seiner Freiheit 73ff; Konturen der Freiheit 14ff.

[17] Vgl. J. Splett, Die Rede vom Heiligen, Freiburg–München 1971, 276ff; R. Schaeffler, Religion und kritisches Bewußtsein, Freiburg–München 1973.

[18] Konturen der Freiheit 73f: Da »freie« Willkür doch in Wahrheit nur der subjektiven Nötigung des Ich entspränge (seiner psycho-physischen Situation), fallen privates Belieben und ein überindividuelles, »strukturales« »Nicht-anders-Können« letztlich zusammen. (So benennt auch das Wort »Zufall« nicht etwa eine besondere Form von »freiem« Ereignis oder Ursache-Wirkungs-Verhältnis, sondern spricht präzise nur die Unkenntnis des tatsächlichen Zusammenhangs aus. Es bietet also keine Erklärung, sondern bezeichnet gerade deren Fehlen.) Freiheit kann sich darum nur dadurch zur Sprache bringen, daß sie ihr Wollen auf ein Sollen bezieht; »also ist ein freier Wille und ein Wille unter sittlichen Gesetzen einerlei« (I. Kant, Grundlegung zur Metaphysik der Sitten, 1785, 98, Werke [Weischedel] IV 82).

Zugestanden also, daß Freiheit nur aus einem unbedingten Geheiß lebt, so potenziert eben das doch offenbar ihre Existenz-Angst. Einmal ist aus der ängstigenden Unausweichlichkeit, nicht mehr nicht sein zu können, von der man sich vielleicht noch stoisch innerlich zu distanzieren vermochte, ein ins Zentrum treffender Ruf zu Da- und Sosein geworden. Sodann steigert die Angst sich hier durch ihre *Möglichkeit* zu einem zwar machtlosen, doch sie zerstörenden Nein diesem Ruf gegenüber. Und schließlich erhält das *faktische Versagen* vor ihrem Beruf (dem Auftrag »Werde, der du bist«) über die Bestimmung bloßer Mangelhaftigkeit hinaus nun die Qualifizierung als Schuld. – Angerufensein heißt Sich-verantworten-Müssen.

Damit kommen jene Bestimmungen von Kierkegaards Angst-Analyse ins Spiel, die wir bislang noch zurückgestellt haben. Und es wird um entscheidende Grade klarer, warum, wie J. G. Fichte beklagt, »die meisten Menschen … leichter dahin zu bringen sein [würden], sich für ein Stück Lava im Monde als für ein Ich zu halten« [19]. Dostojewskijs Großinquisitor braucht sie nicht zu unterwerfen; dankbar haben sie Angst und Not ihrer Freiheit auf ihn geworfen, um dafür das verantwortungsfreie »Glück der Demütigen« einzutauschen.

2. Doch zeigt das Licht der Wahrheit und des Guten sich nicht bloß als lastendes Gebot. Es ist im bisherigen auch schon als Angebot, Lebensbedingung und erweckender Zuspruch kenntlich geworden. Eben auf diese Erfahrung zielt ja die Rede vom »herrlichen Licht«. Es macht zwar denen Angst, die Platon als angekettete Höhlenbewohner beschreibt [20]; und einen Schritt weiter geht die prophetische Mahnrede des Neuen Testaments, wonach die Menschen dem Licht die Finsternis nicht aus Unkenntnis, sondern wissend vorziehen: »Jeder, der das Böse tut, haßt das Licht und kommt nicht zum Licht, damit seine Taten nicht aufgedeckt werden« (Joh 3,20). Kierkegaard hat diese Angst als die Verschlossenheit des Dämonischen dargestellt. Aber retten die

---

[19] Grundlage der gesamten Wissenschaftslehre: Sämtl. Werke, Nachdruck Berlin 1971, I 175.
[20] Politeia VII.

Menschen sich nicht gleichwohl zum Licht? Ehe sie Geheiß ist, ist die Wahrheit Verheißung; und das Gute ist, bevor es gesollt wird, schlicht das Gute: jenes, das gut ist und gut tut.

Gerade darin jedoch findet die Freiheit erneut und erst recht einen Grund, sich zu ängstigen. Zuerst insofern, als »das« Licht und »das« Gute, wie erwogen, in Wahrheit ihrerseits Erscheinung von Freiheits- und Personalwirklichkeit sind. Man verfügt also nicht darüber; man weiß nicht, ob und wann das Gewährte vielleicht uns wieder entzogen und das Licht, kaum daß wir uns daran gewöhnt, unerbittlich gelöscht wird.

Sodann mag gerade sein Nicht-Erlöschen zur Angst Anlaß geben; denn könnte nicht eben seine Gewähr die Weise sein, wie der Gewährende selbst sich verweigert – und wie er diesen Entzug uns verbirgt? – Die mythische Schlange benutzte das Verbot des Baums für ihre ängstliches Mißtrauen weckende Frage; hätte das Gift ihrer Einflüsterung nicht genau so gewirkt, wenn dem Menschen kein Baum verboten gewesen wäre? Ja, so nicht erst recht? Denn was wohl mochte ihm dann vorenthalten werden, wenn man ihn gar mit dem Garten als ganzem hätte abspeisen wollen?

Und selbst wenn man nicht so weit gehen will: muß eine *Gnaden*ordnung nicht stets die Angst um die *Gerechtigkeit* wecken?

Darum verlangt Ernst Bloch für die Bibel statt ihrer Entmythologisierung ihre Enttheokratisierung, die Verabschiedung ihres Redens vom Herrn und vor allem der »altmodischen« Kategorie der Gnade[21]. So hat Aristoteles in seiner »Politik« die Frage, »ob es besser ist, von dem besten Mann oder von den besten Gesetzen beherrscht zu werden«, trotz bedenkenswerter Gegengründe zugunsten des Gesetzes entschieden, da »der Gerechtigkeitssinn es ist, der einen nach einer unparteiischen Instanz suchen läßt, wie es das Gesetz ist«[22].

Schließlich muß die mißtrauische Angst sich gar nicht auf den Geber richten, sondern angesichts seiner Gnade gerade reflektie-

---

[21] Atheismus im Christentum, Frankfurt/M. 1968, 71; Es spricht Ernst Bloch. Vier Reden, Suhrkamp-Verlag 1970, Platte II A, Beiheft 10.
[22] III 15 (1286a 8f); III 16 (1287b 4f).

rend zurück auf die empfangende Freiheit: als Angst davor, daß – beabsichtigt oder nicht – das Glück als solches sie korrumpiere. Im Mittags-Glück schläft Zarathustras Seele ein, und nur mit größter Mühe holt er sich aus dem Ewigkeits-Brunnen herauf, um seinen Weg weiterzugehen[23]; Gottfried Benn bekennt sich zum Geist als Gegenglück[24]. Muß man angesichts dessen von Hochmut und Geistesstolz sprechen oder sind diese nicht schon ein zweites: Reaktion, wenn nicht Maske, der unergründlichen Angst einer Freiheit, die sich nicht selbst begonnen hat, sich darum nicht und niemals einfach besitzt und nicht weiß, ob sie sich erhält, das heißt, ob sie sich selbst auch weiterhin gegeben und erhalten bleibt?

Verlust-Angst und Sich-Verlassen

Weil Freiheit abkünftig ist, bleibt sie sich uneinholbar »zu-künftig«. Das heißt, sie hat sich nicht, sie kommt sich zu und existiert nur in der steten Annahme dieser ihrer Zukunft. Zukunft bedeutet also in diesem »Sprach-Spiel« *Ankunft*. Der Angst aber will es scheinen, diese Zukunft besage Ausständigkeit. Der Angst stellt sich das Vermögen der Freiheit als bloße Möglichkeit dar; ihre Offenheit zeigt ihr das Antlitz qualvoller Leere, deren Füllung hinwieder erscheint dann nur als *Verdrängung* des Vakuums, als das sie sich versteht[25].

So ist die Angst der Freiheit doppelt Todesangst – und droht als solche ihrerseits schon der Freiheit den Atem zu nehmen –: Angst vor einer Leere, in der sie sich wie ertrinkend verlöre, Angst vor einer Erfüllung, an der sie erstickte. – Doch muß Freiheit ihr erliegen?

1. Angst ist nach dem Gesagten mit dem Wesen existierender Freiheit gegeben. Die humanwissenschaftliche Alternative, ob

---

[23] F. Nietzsche, Zarathustra IV Mittags, Werke (Schlechta) II 513–515.
[24] Einsamer nie –, in: Ges. Werke III 140.
[25] Vgl. Faust: »So tauml' ich von Begierde zu Genuß,/Und im Genuß verschmacht' ich nach Begierde« (I Wald und Höhle, 3249).

Angst nur Reaktion auf Bedrohungen sei oder einem arteigenen fixen Potential entstamme, ob also Angst (im Unterschied zu konkreter Befürchtung) aus wachsenden Bedrohungen hervorgehe oder umgekehrt als »frei flottierende« Angst aus dem Schwund von realen Ängsten und Angst-Gründen freigesetzt werde [26], haben wir hiermit als noch zu vordergründig untergriffen [27].

Angst gehört also zum Dasein von Freiheit. So weit die Fakten (ärztlich: die Exploration); doch welche Deutung entspricht dem (welche Diagnose ergibt sich daraus), – und muß Freiheit in Angst *versinken* (gäbe es eine mögliche Therapie)?

Bleibt man dabei, Freiheit als pure Möglichkeit zu sehen, ihre Offenheit als Leere und das ihr Entgegenstehende als Einschränkung und Beengung: versteht man also das Miteinander der Freiheiten, ihre Leiblichkeit und ihr Gehaltensein im Anspruch des Guten als Begrenzung, dann ist die Angst nicht überwindbar – und ebensowenig die ihr entspringende (letztlich ohnmächtige) Aggressivität.

Aus einer *ursprünglichen*, wesenhaften Kampfsituation läßt sich kein wahrer Friede erreichen – Friede mit Augustinus als »Ruhe der Ordnung« [28] verstanden. Denn die dann einzig mögliche Ordnung ist die von Recht und Gesetz, das heißt, der *Gleichheit* aller. Darf aber niemand zu viel noch zu wenig, keiner

[26] Vgl. hierzu etwa die Diskussionen in dem S. 19, Anm. 1 genannten Protokoll-Band.

[27] Ebenso die Diskussion um den Trieb- oder Reaktions-Charakter von Aggression. Freiheit als Wagnis ängstet sich, und alle Angst vor Minderung ist letztlich Todesangst. Aus Angst vor dem Tod wird Freiheit aggressiv: »Die Angst des Lebens selbst treibt den Menschen aus dem Centrum« – sei es gegen anderes, sei es gegen sich (F. W. J. Schelling, Freiheitsschrift, Sämtl. Werke VII 381). – Doch wollen wir damit nun nicht idealistisch monokausal werden. Der philosophische Aspekt ist – S. 19 – nur einer unter anderen. Wer die Leiblichkeit der Freiheit ernst nimmt, wird ihr *Objekt*-Sein (S. 23) nicht vergessen. So wirken nicht nur Ich oder Es (G. Groddeck) sich leiblich aus, sondern auch Freiheit ist körperlich, etwa hormonal, bestimmbar. Dies auch bezüglich der Angst. – Hier geht es nur darum, den *Basis*anspruch einer biologischen Anthropologie zu bestreiten. Näherhin dazu Kap. 2.

[28] De Civitate Dei XIX 13,1.

mehr oder weniger Freiheit und Freiheitsraum erhalten, als ihm zusteht, dann sind Besorgnis und Unruhe(n) unvermeidlich: ein jeder *muß* fürchten, zu kurz zu kommen, weil es Gleichheit nicht gibt[29].

Soll es also überhaupt eine Heilungs- und Heils-Möglichkeit geben, dann muß die ursprüngliche Freiheits-Situation anders gedacht werden können: statt als Neben- und Gegeneinander als Mit- und Füreinander.

Diese Sicht hat auch im bisherigen keineswegs einfach gefehlt; denn immerhin war der Gedanke der Ermöglichung im Spiel: ohne das, was sie ängstigt, könnte Freiheit nicht sein. Sie ist nicht dies andere und dieses ist nicht sie; doch nur durch es und von ihm her ist sie, was sie ist. Gerade darin liegt der Sinn von Grenze und Kontur. – Nun war und ist allerdings eben dies der Grund zur Angst der Freiheit; deshalb kann es auch nicht darum gehen, die Angst zu unterlaufen oder sie sich zu ersparen. Sehr wohl aber kann und soll man versuchen, sie zu verwinden. Und dies dadurch, daß man die Grenzspur des eigenen Umrisses nicht mehr als *Abgrenzung gegen* das ermöglichende andere sieht und erlebt, sondern sie als »Kontakt«-Linie zum anderen *hin* und als *ihn* ermöglichende Ausgrenzung entdeckt. – Grenzt ein gesundes Auge sich von der farbigen Wirklichkeit ab oder setzt es sich nicht ihren »Eindrücken« aus, um nun das, was es sieht, unverschwommen »auseinanderzuhalten«?

Bestimmtheit und Bestimmung meiner zeigen sich damit als Bestimmung nicht einfach zu mir, sondern als meine Aus-richtung auf anderes als bloß ich selbst. – »Jedem das Seine – jeder (für) sich« war das Grundwort von Recht und Gesetz mit dem

---

[29] Als ein beliebiges Beispiel: die »Raucherkarten« aus der Zeit der Rationierung. Erhalten alle sie – mit Tauschvorteilen für die Nichtraucher? Oder gibt es sie nur für Raucher, so daß die Nichtraucher weniger vom »Gemeineigentum« bekommen? Damit soll in keiner Weise die unverzichtbare Errungenschaft des Rechts bestritten oder abgewertet werden; doch gilt es seine Wesensgrenze zu sehen. Recht bändigt das Chaos, doch kann es nicht schlechthin Gerechtigkeit schaffen. Ungerechtigkeiten sind in jeder Rechtsordnung unvermeidlich (was nicht von dem Auftrag entbindet, sie reformierend zu mindern).

Zwang zu angstvollem Grenzschutz. Wie aber, wenn es nicht darum ginge, zu halten, sondern zu geben, nicht zu nutzen, auszunutzen, sondern zu nützen?

Die Frage wäre mißverstanden, nähme man sie unvermittelt als moralischen Appell. Sie ist zunächst nichts anderes als ein anthropologischer Hinweis darauf, daß Freiheit selber durchaus »dienlich« sein will. Ist die Frage nach ihrem Sinn nicht die Frage nach ihrer Bestimmung, ihrem Wozu? Gewiß verlangt der Mensch zutiefst danach, bedingungslos und unbedingt angenommen zu werden; aber zugleich ist er mit »interesselosem Wohlgefallen« keineswegs zufrieden. Er will gebraucht und begehrt sein. Das heißt, es geht ihm keineswegs einfachhin bloß um sich: um sich geht es ihm, weil es ihm um sein Gehen-um geht. *Aus* einem Sinn leben heißt *für* ihn dasein. Freiheit ist konkret Freiheit nicht einfach zu sich, sondern zu anderem und für den Anderen.

2. Öffnet Freiheit sich solchem Verständnis, dann entfällt die Unbestimmtheit alles Möglichen: weil jeweils ein bestimmter Anruf sie trifft. Und es entfällt der Bedrohungs-Charakter des Anderen: weil die Wirklichkeit, die mich »anspricht«, nicht auf mich eindrängt, sondern das Ich gerade aus dem engen Eigenen heraus zu sich ruft. So aber – und einzig so – wird die Angst überwindbar, die Angst der Unbestimmtheit wie die der Bestimmtheit.

Unsere Reflexionen sind philosophischer Art; sie bleiben darum bewußt hypothetisch. Theologisch wäre die Verheißung des 1. Johannesbriefs zu kommentieren: »Die vollkommene Liebe vertreibt Furcht und Angst« (4,18). Und man hätte von der Befreiung zu solcher Liebe durch die angstüberwindend auf sein Recht verzichtende Liebe Jesu Christi zu sprechen, sowie von der Bestätigung dieser Torheit durch seinen Vater selbst im Ostergeschehen [30].

---

[30] Vgl. J. Splett, Reden aus Glauben, Frankfurt/M. 1973, 125ff; Konturen der Freiheit 92ff. Siehe besonders H. U. v. Balthasar, Der Christ und die Angst, Einsiedeln 1951 u.ö.

Philosophisch indes zeigt sich immerhin eine streng belegbare Alternative: Versteht man Vielheit als Mangel, Freiheit als Für- · sich-Selbst-Sein und Freiheits-Miteinander als wechselseitige Beschränkung, dann ist Angst unüberwindlich – und ebenso die Aggression, die ihr entspringt und sie bis in die Liebe hinein begleitet: »Und jeder tötet, was er liebt.«[31]. – Oder man faßt Vielheit als Chance und Reichtum, Freiheit als Fähigkeit dazu, sich zu verlassen auf andere hin, sich auf andere zu verlassen.

Vielleicht muß kritische Philosophie sich mit der Vorlage dieser Alternative begnügen. Gibt es Gründe zur Hoffnung, der Mensch sei fähig dazu, sich für die zweite Möglichkeit zu entscheiden? Man versteht, daß Henry de Montherlant das Vertrauen eine göttliche Möglichkeit genannt hat[32]. In welchem Maß ist sie wirklich die unsere?

Und dennoch lebt der Mensch allein aus dieser Möglichkeit, vom Anfang an, da das »Urvertrauen« des Säuglings eine unersetzliche Lebensbedingung darstellt, bis zu den großen Stunden und den kleinen Augenblicken jener Sinnerfahrungen, die das Leben des Erwachsenen tragen. – Wer mißtraut, ist unfrei. Und die höchste Form der Freiheit wäre ihr angstlos selbstvergessenes Entrücktsein: das Entzücken. Wann ist der Mensch freier und mehr er selbst, als wenn er statt bei sich *ganz* bei dem ist, was oder der ihn erfüllt?

Hier geht er nicht etwas oder jemanden an, weder im Sinn des Angriffs noch der Bearbeitung noch in einem anderen Sinn von Aggression und Aggressivität. Er läßt sich los und ein, er ist gelassen. Und auch ihn geht der/das Andere nicht eigentlich an: er/es ist in ihm und für ihn da, präsent. Das heißt, indem man sich ergibt, ergibt sich alles andere: Kontemplation, Aktion, in Theorie wie Praxis.

[31] Oscar Wilde, Ballade vom Zuchthaus zu Reading, in: Werke in zwei Bänden (R. Gruenter), München 1970, II 569.

[32] Geh, spiel mit diesem Staub, Tagebücher 1958–1964, Köln–Berlin 1958, 257: »In *Service inutile* steht auch ein Satz, den ich nicht wiederlesen kann, ohne daß sich mir das Herz zusammenzieht: Das Vertrauen ist eine der göttlichen Möglichkeiten des Menschen.«

Freiheit unter dem Gesetz des Selbstaufbaus steht unter dem Gesetz des Mangels, der »rareté des choses« (J.-P. Sartre)[33], also des Kampfes um den Platz an der Sonne; und dies unausweichlich. Einer Freiheit als Aufbruch oder Angerufensein entdeckt sich statt der Seltenheit im Sinn von Knappheit die Einmaligkeit, das heißt, die Kostbarkeit eines jeglichen. Kostbar nicht für ein selbstisches Interesse, im merkantilen Sinn, sondern kostbar an sich; in jenem Sinn, in dem das Ignatianische Exerzitienbuch einleitend anmerkt: »Nicht das Vielwissen sättigt, sondern das Verkosten der Dinge« (Nr. 2). An die Stelle des Platzkampfes träte Gelassenheit, die dem anderen Raum gibt.

Nochmals: wäre so etwas bloß Utopie, Fata morgana in der Wüste allgemeiner Liebesunfähigkeit? Kann es eine Hoffnung sein, die sich rechtfertigen läßt?

Dies jedenfalls dürfte klar sein: *herstellbar*, durch noch so wünschenswerte Änderung von Strukturen, ist solche Freiheit nicht. Sie kann darum auch nicht vorwegnehmend gefordert werden; eine gesetzlich eingeführte »Liebesordnung« (wie etwa bei den Wiedertäufern oder im Marxismus) ergibt ein Zwangs- und Unrechts-System mit schärfst entbundener Aggressivität. Zur Diskretion (sagen wir ruhig: zur Demut) einer Liebe, die noch auf dem Weg zu sich ist, gehört die Anerkennung des von ihr verschiedenen Rechts, anstatt daß sie sich selbst zum *Gesetz* macht. Dies zuletzt nicht um des Rechtes selber willen, sondern zur Ermöglichung, im Dienst gehoffter freier Menschlichkeit.

Denken wir gleichwohl abschließend auf das unherstellbare, aber von allen gesuchte Ziel erfüllter Freiheit voraus. Solche Freiheit geht aus einem neuen Bewußtsein hervor, und dieses läßt sich schon darum nicht »machen«, weil seine Grundbestimmungen statt Arbeit und Machen Verdanken und Zustimmung sind; seine Grundkategorie ist, mit dem Titel einer bedeutsamen Schrift Romano Guardinis gesagt, die *Annahme seiner selbst*.

Annehmen kann man sich nur, wenn man sich gegeben wird. Da es der Freiheit aber nicht eigentlich darum geht, sich zu *ha-*

---

[33] Vgl. Kritik der dialektischen Vernunft. I. Theorie der gesellschaftlichen Praxis, Hamburg 1967, 130ff.

ben, sondern zu sein – indem sie für andere(s) ist, wird Freiheit sich wesentlich dadurch gegeben, daß sie sich als *angenommen* erfährt. – Annehmen kann man sich nur, wenn man annehmen (nicht vermuten, sondern entgegennehmen) kann, daß man schon angenommen ist. Von wem? (»Sich bejahen als bejaht« lautet eine Glaubensdefinition Paul Tillichs[34].)

Indem also der Mensch sich, angenommen, annimmt, nimmt er zuerst sein Angenommensein an. – Annehmen ist der Grundvollzug von Dank, nämlich vor allem ausdrücklichen »Ich danke« das Ja dazu, jemandem überhaupt etwas zu verdanken, wofür man ihm dann auch zu danken hätte. Dank zeigt sich somit als der Grundvollzug einer Freiheit, die sich nicht selbst schafft.

Worauf aber bezieht sich der Dank? Zunächst, hieß es, auf das Selbst, das in der Selbstannahme übernommen wird. Doch trifft es zu, daß in der Annahme seiner selbst der Mensch zuerst und zuletzt sein Angenommensein und -werden annimmt, dann gilt auch der Dank zuvor dem Angenommen-werden: Der befreite Mensch dankt also letztlich nicht so sehr dafür, daß ihm gegeben wird, sich anzunehmen, als vielmehr dafür, daß ihm gegeben wird, sich hinzugeben[35].

---

[34] Der Mut zum Sein, in: Ges. Werke XI, Stuttgart 1969, 117ff.

[35] Und der Dank selbst *ist* solche Selbsthingabe, insofern hier der Beschenkte von sich weg auf den Gebenden blickt und *ihn* bejaht. Anders gesagt: Dank ist antwortende Liebe. Darum ist er so wenig selbstverständlich. – Um nochmals den S. 37 zitierten Satz aus dem Johannesbrief aufzunehmen: wenn einzig Liebe letztlich Angst vertreibt, dann folgt daraus: Angebote sozial- oder psycho-hygienischer Technik, die dem Menschen die radikale Umkehr zur Selbstlosigkeit ersparen wollen, können vielleicht zur Minderung von Angst und Aggression oder zur »Humanisierung« ihrer Ausdrucksformen beitragen – sie und das Bemühen um sie seien darum hier auch keineswegs verdächtigt (s. o. Anm. 29 u. später S. 96, Anm. 1) –, aber es wäre verhängnisvoll, von ihnen die radikale Lösung und Befreiung zu erwarten. Und schon zur Minderung werden sie wohl nur in dem Maß beitragen, als sie nicht im Dienst der Selbstbewahrung stehen. Nichts also gegen Techniken und Techniker des Psychischen wie des Sozialen, aber – siehe das folgende Kapitel – alles gegen entsprechende Heilserwartungen oder -verheißungen!

Im Blick etwa auf den, den sein geglücktes Werk beglückt, oder auf die Liebenden zeigt sich, wie in solcher Sicht die ängstigende Leistungsperspektive ebenso überwunden ist wie die Gefahr von Unmündigkeit und Trägheit. Könnte nicht von hier aus selbst ein »kritisches Denken« es sich erlauben, auch den religiösen Vollzug so zu sehen? Sein Glaube und der Verzicht auf Absicherung müßten dann nicht Unfreiheit und Infantilität oder Altersschwäche verraten, sondern erschienen umgekehrt als Vollendungs-Höhe von Freiheit[36]. Die Reife der Freiheit wäre ihre freie Selbst-Hingabe.

[36] Siehe dazu das Schlußkapitel sowie: Der Mensch ist Person. Zur christlichen Rechtfertigung des Menschseins, Frankfurt/M. 1978, Kap. 7 (Gehorchen ist menschlich), bes. 184f.

2. AUSWEG WISSENSCHAFT?

Eine der häufigsten zeitgenössischen Reaktionen auf utopische (oder gar eschatologische) Ausblicke, wie soeben zum Schluß des ersten Kapitels, stellt das Verdikt »unwissenschaftlich« dar. – In der Tat, die Zeiten, da Metaphysik als erste Wissenschaft galt, sodann Metaphysik als erste und umfassende Vernunftwissenschaft sich mit der Theologie als Glaubenswissenschaft verband, sind vorüber. Einem Denken des Ganzen auf seine ersten Prinzipien hin versagt heutiger Sprachgebrauch fast einhellig den Wissenschaftsnamen, erst recht bestreitet man ihn einem gläubigen Denken, das sich darum bemüht, den Inhalt seines umfassenden religiösen Glaubens methodisch-selbstkritisch zu durchdringen.

Demgemäß könnte man Wissenschaft im heutigen Verständnis als »auf ein Sachgebiet beschränktes methodisches Vordringen zu den Begründungszusammenhängen der Gegenstände« bestimmen[1]. Sie befragt nicht das ›Was‹ – wie die Philosophie –, sondern richtet sich »auf das ›Wie‹ und ›Warum‹ der Gegenstände in deren Zusammenhang untereinander« (ebd.). Und sie tut dies schließlich nicht rein beschaulich, sondern im Dienst der

---

[1] M. Müller-A. Halder (Hrsg.), Kleines philosophisches Wörterbuch, Freiburg 1971, 308ff. Vgl. etwa R. Lay, Grundzüge einer komplexen Wissenschaftstheorie, I. Grundlagen und Wissenschaftslogik, Frankfurt/M. 1971, 92: Wissenschaft ist »a) das erkenntnismäßige Vordringen zu den Begründungszusammenhängen eines erkennbaren Sachverhalts, das b) diesen Sachverhalt einem bestimmten Sachgebiet zuordnet und damit zugleich ihn nicht als bloß diesen einzelnen, sondern auch und vor allem die Begründungszusammenhänge des Sachgebiets an ihm erkennen will, c) sich über die Art und Weise seines Vorgehens in diesem Sachgebiet selbst Rechenschaft gibt und dieses an der Eigenart des jeweiligen Sachgebiets orientiert und d) so zu objektivierbaren Aussagen kommt.«

Weltbewältigung. Es geht in ihr, mit Max Scheler gesagt, um »Herrschaftswissen«, nicht um Bildung und Heil[2]. Darum spielt die Möglichkeit von Voraussagen eine wichtige Rolle, von der berühmten Vorhersage einer Sonnenfinsternis durch Thales an[3] bis zu dem vielzitierten Wahlspruch der positivistischen Wissenschaft: »Savoir pour prévoir, afin de pourvoir.«[4]

Gerade in diesem Anspruch zur umfassenden Beherrschung der Natur sieht man das Besondere der neuzeitlichen Wissenschaft und das Erklärungsprinzip ihrer seit Galilei zunehmend hervortretenden Wesenszüge (Formalisierung, Quantifizierung, Funktionalisierung usw.). Wie kam es zu diesem Anspruch?

Suche nach allgemein-verbindlichen Erklärungen

1. Hans Blumenberg hat in seinem Plädoyer für die »Legitimität der Neuzeit«[5] auf die spätmittelalterliche Schule des Nominalismus hingewiesen, derzufolge man über Gott ob seiner Göttlichkeit gar nichts aussagen kann, obwohl andererseits die Welt mit ihrer Ordnung ganz in ihm, das heißt, in seinem freien, souveränen Willen, gründet.

Für Blumenberg hatte sich damit das Christentum seines menschlichen Ortes beraubt. Er sieht die Entwicklung so, daß

---

[2] Die Wissensformen und die Gesellschaft. Ges. Werke VIII, Bern-München [2]1960, passim (siehe Register). Daß es auch weiterhin Wissenschaftler gegeben hat (und gibt), die, wie z.B. ein Johannes Kepler, ganz der Erforschung von Gottes »Weltharmonik« leb(t)en, sei damit nicht bestritten; doch sind sie nicht »repräsentativ«. Und natürlich geht es dem rechten Wissenschaftler nicht um persönliche Macht; aber sein selbstloser Dienst gilt neuzeitlich den Möglichkeiten des Menschen.

[3] Herodot, Historien I 74.

[4] Lévy Bruhl, zit. in: A. Comte, Rede über den Geist des Positivismus (I. Fetscher), Hamburg 1956, 228; vgl. S. 32ff: 1. Kap. III 3. Der Endzweck der positiven Gesetze: rationale Voraussicht (71: »rationale Voraussicht, die den Hauptzug der wahren Wissenschaft ausmacht«).

[5] Frankfurt 1966. Vgl. die kritischen Einschränkungen bei G. Rohrmoser, Emanzipation und Freiheit, München 1970, und W. Pannenberg, Gottesgedanke und menschliche Freiheit, Göttingen 1972.

die christliche Botschaft zuerst »über Heilserwartung und Rechtfertigungsvertrauen hinaus geschichtlich ihrem Anspruch nach zum ausschließlichen System der Welterklärung geworden ist, die aus der Grundidee der Schöpfung und aus dem Gedanken der Gottebenbildlichkeit des Menschen die Angemessenheit des Erkenntnisvermögens an die Natur folgern konnte, [daß sie] aber schließlich in der Konsequenz ihrer scholastischen Sorge um die unendliche Macht und absolute Freiheit Gottes die Bedingungen selbst zerstörte, die sie für das Weltverhältnis des Menschen vorgegeben hatte« (71).

Angesichts dieser lebenbedrohenden Zerstörung aller Fundamente sei dem Menschen nichts anderes übrig geblieben als der Rückzug auf das, was René Descartes den unerschütterlichen Grund der Erkenntnis genannt hat: auf die Selbstgewißheit des denkenden Ichs und des von ihm klar und deutlich Erkannten (Meditationen über die erste Philosophie).

Diese These ist freilich ergänzungsbedürftig. Derart wirksam und lebenbestimmend ist der Nominalismus wohl doch nicht gewesen. Wichtiger war das epochale Geschichts-Ereignis der Reformation[6]. – Die Entstehung mehrerer Konfessionen und ihre erbitterten, blutigen Kriege einerseits, andererseits die Entdeckung fremder Kulturen mit ihren eigenen Religionen legen es nahe, sich auf das (noch) undiskutabel – oder vielleicht besser: bislang undiskutiert – Gemeinsame zurückzuziehen[7]. – Dieses Gemeinsame ist einmal die Vernunft mit ihren grundsätzlichen Einsichten und dem, was man aus ihnen folgern kann; es ist sodann alles, was sich mit wissenschaftlichem Exaktheitswillen er-

---

[6] Allerdings ist eben dies nicht ohne Zusammenhang mit dem Nominalismus. Doch »gewiß ist der Bruch der Reformation trotz Luthers Bekenntnis zu Ockham nicht aus dem Nominalismus allein zu erklären« (J. Auer, in: Lexikon f. Theol. u. Kirche, ²VII 1023).

[7] Aus anderer Perspektive ließe sich gerade umgekehrt sagen: auf das *diskutabel* Gemeinsame; denn gegenüber den aufeinander prallenden Glaubensbekenntnissen versteht sich diese Gemeinschaft der Denkenden gerade als Korrespondenz- und Diskussionszusammenhang. Bekanntlich sind aus den Gelehrtenkorrespondenzen unsere wissenschaftlichen Zeitschriften hervorgegangen.

44

forschen und im Experiment von jedem objektiv nachprüfen läßt.

Um also menschlich überleben und weiterleben zu können, erstellt die Neuzeit das Programm einer Universalwissenschaft, nicht mehr im klassischen und vor allem mittelalterlichen Verständnis eines umfassenden Offenbarungswissens (im weitesten Sinn), das von begnadeten Autoritäten verwaltet wird, sondern im Sinn eines allumfassenden Lern- und Lehrsystems methodisch selbstkritischer Vernunft, das prinzipiell jedem zugänglich und vor jedem nachprüfbar ist: *mathesis universalis*[8].

Wie wörtlich und fundamental hier die Lebensbedeutsamkeit zu nehmen ist, kann übrigens gerade Descartes selbst belegen. Ihm ging es nicht zuletzt um eine größere Effizienz der Medizin. Selber von nicht eben robuster Gesundheit, war er mißtrauisch gegenüber dem tradierten Qualitätendenken und hoffte, durch eine Physikalisierung der Medizin (also durch die Fortentwicklung der Heil*kunst* zur Wissenschaft) den Körper besser in die Hand zu bekommen, um so ein längeres Leben garantieren zu können. (In einer Antwerpener Zeitung war zu seinem Tod am 11. 2. 1650 – am 31. 3. wäre er 54 geworden – zu lesen, »dat in suede een geck gestorven was, die seyde dat hij soo lang leven kon als hij wilde«[9].)

2. So sehr es jedoch bei diesem Einsatz um den Menschen ging, so sehr lag es offenbar in dessen Konsequenz, vom Menschen, gar vom Einzelmenschen, abzusehen. Insofern knüpft die neuzeitliche Wissenschaft im doppelten Sinn bei Aristoteles an, zum Teil im Gegensatz zu seinen offiziellen Verteidigern: 1. insofern, als sie empirisch sein will wie er – gegen diejenigen, die sich auf ihn statt auf die Empirie berufen; 2. insofern sie seine

---

[8] Vgl. H. Rombach, Substanz – System – Struktur. Die Ontologie des Funktionalismus und der philosophische Hintergrund der modernen Wissenschaft, 2 Bde, Freiburg–München 1965/66; J. Mittelstraß, Neuzeit und Aufklärung. Studien zur Entstehung der neuzeitlichen Wissenschaft und Philosophie, Berlin–New York 1970.

[9] R. Specht, Descartes in Selbstzeugnissen und Bilddokumenten, Reinbek 1966, 75–79: 79.

Überzeugung teilt, daß es Wissenschaft nicht vom einzelnen, so etwa von der Geschichte, sondern nur vom Allgemeinen gibt [10].

Metaphysisch anspruchsvoll wird das Programm im kontinentalen Rationalismus entfaltet, schlichter pragmatisch im englischen Empirismus. Bei Kant trifft dann beides geradezu explosiv aufeinander; der Deutsche Idealismus versucht die positive Synthese. Nach dessen »Zusammenbruch« behaupten sich zunächst neben den »exakten« die Geisteswissenschaften, bis auch diese im Prozeß ihrer Verwissenschaftlichung zunehmend naturwissenschaftlich werden. – Meß- und zählbar, vor allem voraussagbar sind Naturdaten, nicht das Verhalten von Freiheit als solcher. Die Auseinandersetzungen zwischen »verstehender« und exakter Psychologie sind bekannt; den Gesellschaftsverhältnissen widmet sich die »physique sociale« der Soziologie; die Konsequenz Descartesscher Medizin sind Diagnose-Zentren (»Mayo-Klinik«) und so fort.

Dabei ist mit diesen Sätzen keinerlei Wertung beabsichtigt, sondern rein eine Feststellung, die allerdings bedenkenswert erscheint. Und zwar geht es um das Paradox, daß dem wissenschaftlichen Ethos zufolge der Mensch um des Menschen willen beim Menschen vom Menschen absehen soll. Ein geläufiges Beispiel aus dem Schul-Alltag: für einen Deutsch-Aufsatz lassen

---

[10] Eine bedeutende Ausnahme stellt in etwa Giambattista Vico dar, der eben aufgrund des oben S. 15 angesprochenen Prinzips von der Verständlichkeit des Selbstgemachten die Historie als Wissenschaft, und gar als höchste Wissenschaft statuiert: »da doch ... die historische Welt ganz gewiß von den Menschen gemacht worden ist und darum ihr Wesen in den Modifikationen unseres eigenen Geistes zu finden sein muß ... So verfährt diese Wissenschaft wie die Geometrie, die die Welt der Größen, während sie sie ihren Grundsätzen entsprechend aufbaut und betrachtet, selbst schafft, doch mit umso mehr Realität, als die Gesetze über die menschlichen Angelegenheiten mehr Realität haben als Punkte, Linien, Flächen und Figuren.« Doch geht es auch ihr nicht etwa um den Einzelnen, sondern gerade um »die ewige ideale Geschichte«, die der Historiker sich mit »es mußte, es muß, es wird müssen« erzählt. – Die neue Wissenschaft über die gemeinschaftliche Natur der Völker, I 4 (Hamburg 1966, 59f). Entsprechend werden Marx-Engels die Wissenschaft der Geschichte als »einzige Wissenschaft« bezeichnen. K. Marx, Werke–Schriften (H.-J. Lieber), Darmstadt 1962ff, I 15 (Variante).

sich unter Umständen alle möglichen Benotungen beibringen, wenn er verschiedenen Lehrern vorgelegt wird, nicht so bei einem Diktat oder einer mathematischen Arbeit. Oder: Physiker verstehen sich auf ihren Weltkongressen über alle ideologischen Schranken hinweg, was mancher stolz den Geisteswissenschaftlern, erst recht Philosophen und Theologen vorhält. – Doch sie verstehen sich eben nur bezüglich ihrer Physik. Und damit stellt sich die Frage nach dem Sinn dieses »nur«.

3. Ein Farbenblinder sieht etwa Rot und Grün als ein Grau gleicher Helligkeitsstufe. Der Farbensehende kann sich ihm darum zunächst nicht verständlich machen – bis er ihm mit Hilfe eines optischen Gerätes beweist, daß der Zeiger eine unterschiedliche Wellenlänge des von diesen Flächen reflektierten Lichtes anzeigt. Diesen Zeiger sehen beide nun in gleicher Weise, während sie bezüglich des Farb-Eindrucks verschiedener »Auffassung« sind – und ohne Möglichkeit zu einer »objektiven« Entscheidung. Zwar nämlich spricht der Zeigerunterschied dafür, daß sich vielleicht doch auch dem Auge hier etwas zeigt – der Farbenblinde ist also gewissermaßen in einer schwächeren Position; aber wer sagt, daß und was der »Sehende« nun wirklich sieht, und stellt klar, daß er seinerseits nicht an einer Supersensitivität leidet? Zeigt das Gerät doch, wo er gar von *Gegensätzen* wie etwa bei Rot und Grün spricht und darauf ganze Gebäude der Farbspekulation errichtet, nicht mehr an als einen Gradunterschied!

Angesichts dieser Situation scheint es das Nächstliegende, sich darauf zu einigen, Farbe sei eben *eigentlich* diese »objektiv« feststellbare Wellenlänge. »Eigentlich« darum, weil dies das Gemeinsame ist, während das andere »subjektiv«, einzelhaft, unvermittelbar bleibt und sich so jeder Nachprüfung entzieht. Hinzukommt, daß es eine große Anzahl derart feststellbarer Wellenlängen gibt, die auch der Gesunde weder zu sehen noch zu hören vermag, die sich uns also einzig in solcher Vermittlung erschließen.

Der instrumentelle Zugang nun ist wissenschaftlich, das einfache Hinschauen, sei es auch sehr gesammelt, nicht. Es handelt sich schlicht um zwei verschiedene Weisen des Herangehens an

Wirklichkeit. – Indem aber aus der unwidersprechlichen Feststellung »unwissenschaftlich« ein Werturteil, genauer: eine Abwertung, wird, haben wir die erste und fundamentale Bedeutung dessen erreicht, wogegen dieses Kapitel (und das ganze Buch) sich wendet: *Wissenschaftsgläubigkeit.*

Das heißt: aufgrund einer prinzipiellen Entscheidung, die zwar selbstverständlich Gründe für sich anführen kann (wie gezeigt), die aber keineswegs ihrerseits wissenschaftlich genannt werden darf, wird für die wissenschaftliche Betrachtungsweise als die richtigere, fundamentalere oder ähnlich optiert. Um bei dem Ausgangsbeispiel zu bleiben: die Wellenlänge wird nicht als ein Aspekt und Moment unter anderen, sondern als Basis des Farbphänomens verstanden [11]. So, als würde man jene Fläche eines Würfels, auf der er zufällig aufruht, statt als eine der nur abstraktiv zu isolierenden Seiten dieser einen dreidimensionalen Wirklichkeit, als deren tragende Basis verstehen – mit der Behauptung, ein Würfel baue sich aus Flächen auf [12].

[11] Auch dies natürlich nur als Beispiel zur Veranschaulichung. Es geht also nicht darum, daß irgend ein Physiker die physiologische Komponente des Farbensehens bestritte oder abwertete. Es geht überhaupt nicht um dieses Beispiel in sich (hier hätten wir zu erörtern, ob Farbe dann als physiko-physiologisches Geschehen bereits adäquat beschrieben wäre – oder wenigstens dann, wenn man des weiteren noch eine »emotionale Komponente« hinzunähme); sondern es geht einzig um das, was es – hoffentlich – anzeigt.

[12] Und dieses Bild erlaubt nun eine weitere Veranschaulichung: in der Tat hat F. B. Cavalieri den nach ihm benannten Satz über die Inhaltsgleichheit von Körpern gleicher Höhen, Grundflächen und dazu paralleler Schnittfiguren mit der Annahme begründet, diese Körper seien aus unendlich vielen Schnittflächen (»Indivisibeln«) zusammengesetzt. Der Beweis kann mit den Mitteln der elementaren Mathematik nicht gelingen – weil er nicht real, sondern eben nur rein mathematisch gilt. Erst schrittweise aber hat die Wissenschaft sich von der »natürlichen« Wirklichkeit befreit, um ihre eigene Welt zu begründen. – Doch ihre Welt ist nicht *die* Welt. Das unreduzierbar dialektische Verhältnis beider Welten oder Wirklichkeiten bildet für W. Schulz das entscheidende Ergebnis der »Verwissenschaftlichung«, und einzig das Festhalten an dieser Dialektik zwischen Modellwelt und Realität (die übrigens auch für die Geisteswissenschaften, also Historie, Germanistik, Exegese…, gilt) macht weiterhin Menschlichkeit möglich. Philosophie in der veränderten Welt, Pfullingen ²1974, 1. Teil.

Wissenschaftsglaube in diesem grundsätzlichen Sinn verwirklicht sich nun in verschiedener Weise und auf unterschiedlichem Niveau. Nicht gemeint ist hier das Ethos des Wissenschaftlers und die Prägung einer Existenz durch diesen Beruf, ähnlich anderen Prägungen wie etwa der Lebensform eines Lehrers, Arztes, Geistlichen, Offiziers usw. [13]. Wohl aber die Gefahr, die in solcher Prägung besteht, nämlich den eigenen Standpunkt und die eigene Perspektive nicht mehr angemessen zu relativieren. Gemeint ist die Spannweite der Glaubensbekenntnisse, die von dem hölzernen Eisen einer »wissenschaftlichen Weltanschauung« bis zum Sprachgebrauch der Illustrierten und der Werbung reicht, wo mit dem Etikett »wissenschaftlich«, »wissenschaftlich erwiesen« und ähnlich in derselben Weise verfahren wird wie etwa mit dem gesetzlich nicht geschützten Namen »Institut« für die Werkstätten solcher »Informationen«.

1. In den dritten Band seiner Schriften zur Theologie hat Karl Rahner einen Aufsatz: *Wissenschaft als »Konfession?«* aufgenommen [14]. Borgen wir uns den Titel, um damit ein Doppeltes

[13] Vgl. M. Weber, Wissenschaft als Beruf (1919), in: ders., Ges. Aufsätze zur Wissenschaftslehre, Tübingen [3]1968, 582–613; H. Mohr, Wissenschaft und menschliche Existenz. Vorlesungen über Struktur und Bedeutung der Wissenschaft, Freiburg 1967.

[14] Einsiedeln [7]1967, 455–472; vgl. auch Bd. XII, Einsiedeln 1975, 215–223. F. Wagner, Die Wissenschaft und die gefährdete Welt. Eine Wissenschaftssoziologie der Atomphysik, München 1964, spricht von Wissenschaftsreligion (56): »Diese Wissenschaftsreligion ist kein Religionsersatz, wie die Sportbegeisterung, sondern eine Ersatzreligion, das heißt eine bindende und bestimmende Lebensmacht mit unbedingter und unangezweifelter Autorität. Die Wissenschaft, die ihre Freiheit in Kämpfen gegen die kirchlich-staatliche Autorität errang, ist heute selber eine unfehlbare Autorität, der man ›dient‹ und ›Opfer bringt‹, die ihre Jünger und ihre Propheten hat und ihre Häresien und Renegationen bekämpft. Obgleich sie die Wesens- und Sinnfrage der antiken Wissenschaft aus ihrer Forschung verbannte, beansprucht sie noch das Freiheits- und Wahrheitsethos, das dieser Sinnfrage entsprach, indem sie die Wahrheitssuche, die den antiken Forscher als ›frei‹ erwies, als ›Selbstzweck‹ der Wissenschaft interpretiert. Diese Wissenschaft übernahm den Missionsgedanken, ja die Erlösungsidee eines Christentums, dessen kirchlicher Bindung und dessen Offenbarungswahrheit sie sich ent-

zu kennzeichnen: Zunächst das Programm einer »wissenschaft-lichen Konfession«, sodann den Anspruch einer »Konfession Wissenschaft«.

Als wissenschaftliche Weltanschauung bezeichnet sich die marxistisch-leninistische Orthodoxie, »insofern sie einerseits aus der Zusammenfassung aller Aussagen über die objektive Rea-lität (Struktur und Entwicklung) der Welt, Gesellschaft usw. erwachsen ist, d. h. das Weltbild der Naturwissenschaften und das Gesellschafts- und Menschenbild wissenschaftlicher Gesell-schaftsbetrachtung zur Voraussetzung hat; andererseits ist sie die philosophische Verallgemeinerung aller einzelwissenschaftli-chen Angaben und der gesamtgesellschaftlichen Praxis der Men-schen in Richtung auf Aussagen über die Welt in ihrer Gesamt-heit, über ihre allgemeinen inneren Gesetzmäßigkeiten, über die Stellung des Menschen in ihr usw. Für den dialektischen und historischen Materialismus kann es dabei keinen Gegensatz zwi-schen Wissenschaft und Weltanschauung geben, weil die weltan-schaulichen Verallgemeinerungen und Schlußfolgerungen unter Befolgung der den Wissenschaften eigenen Methode gewonnen werden und in der Praxis ihre objektive Bestätigung finden.« [15]

Einen Widerspruch zwischen Wissenschaft und Weltanschau-ung kann es in der Tat nicht geben; aber nicht etwa deshalb, weil diese wissenschaftlich wäre, sondern weil beide ganz Verschie-denes im Auge haben: die Wissenschaft methodisch einge-schränkte Forschung und den Aufbau ihrer Modell-Welt, Welt-anschauung eine Gesamtauffassung von Wesen und Sinn des Ganzen der Welt. Man muß im Gegenteil sagen: Wenn eine

zog, bis sie selber schließlich als Offenbarung erschien. Ihre Zweideutigkeit als Wahrheit und Richtigkeit, Freiheit und Neutralität, Askese und Neugier, Abenteuer und Dienst mehrt durch diese Paradoxie nur die Reichweite ihrer Wirkung, die heute in dem profanen Absurditätscredo gipfelt, das sie durch ihre Gefährdung der Welt erweckt. Ihr Dogma der ›Freiheit der Forschung‹, das im Weltwesten wie im Weltosten anerkannt wird, wirkt durch die Immu-nität, die es dem Forscher gegen die Folgen der Forschung verleiht, wie das einer Weltreligion.«

[15] G. Klaus/M. Buhr, Marxistisch-Leninistisches Wörterbuch der Philo-sophie: Weltanschauung (Rowohlt-Ausgabe, Reinbek 1972, Bd. 3, 1148).

Weltanschauung wissenschaftlich sein könnte, käme es eben dann zu Widersprüchen; nämlich zu jenen *inner*wissenschaftlichen Kontroversen und Unvereinbarkeiten, ohne die es keinen Fortschritt in der Wissenschaft gäbe[16].

Mag, was Wissenschaft sei, noch (meta-)wissenschaftlich beantwortet werden können; *ob* Wissenschaft sein solle, ist unbestreitbar keine wissenschaftliche Frage. Die Erkenntnis eines geltenden Naturgesetzes sagt mir nicht, es *solle* gelten. Vom bloßen Dasein kommt man nicht zum Sollen, von Analysen des Tatsächlichen allein niemals zu ethischen Konsequenzen; die »Logik der Tatsachen« bedeutet als solche keinen Imperativ. Nicht die Theorie führt zum Ethos.

Das Ethos aber entspringt einer Grundentscheidung, einem Sich-Einlassen auf den erfahrenen unbedingten Anspruch der Wahrheit und des Guten, von dem her auch die Evidenzen der Theorie ihre Tragkraft erhalten[17].

2. Den Gegenentwurf zur Idee einer »wissenschaftlichen Konfession« im Marxismus bildet die positivistische »Konfession Wissenschaft«. Wird dort der Anspruch erhoben, die Sinnfrage wissenschaftlich beantworten zu können, so wird hier die Sinnfrage abgewiesen bzw. der »privaten Mythologie« überlassen. An die Stelle ideologischer Vergewaltigung (in deren Konsequenz der entsprechende Platz für Abweichler die psychiatrische Klinik ist) tritt hier eine technisch-funktionale Reglementierung des menschlichen Miteinanders.

Mitunter bietet man dieses Programm ausdrücklich als Weg zur Rettung des Menschlichen an; denn eben weil der Mensch als Person mit seiner Sinn- und Wahrheitsfrage darin »nicht vorkomme«, werde er auch nicht von Planung und Reglementierung erfaßt. Gerade die weltanschauliche Abstinenz garantiere die

---

[16] So läßt etwa der Galilei-Streit sich nicht nur wissenschaftlich, sondern auch religiös und innerchristlich als Irrtum und Grenzüberschreitung beurteilen. In welchem Dilemma aber steht demgegenüber eine Weltanschauung, die als »wissenschaftliche« entweder der Forschung Fesseln anlegen muß oder Gefahr läuft, mit dem Wechsel der wissenschaftlichen Deutungen sich selbst völlig ändern zu müssen?

[17] Vgl. Konturen der Freiheit 14–36, bes. 24–29.

Freiheit von zerstörerischer Ideologie; denn hier treffe weder der Großinquisitor noch ein Volksgerichtshof oder das Zentralkomitee einer Partei, sondern grenzbewußte wissenschaftliche Vernunft die Entscheidung.

In der Tat bedarf es der Wachsamkeit gegen die Machtergreifung totalitärer Ideologien[18]. Aber ist deren Abwehr dadurch zu leisten, daß man den Gesamtbereich des wissenschaftlich Unentscheidbaren dem (»Privat«-)Belieben anheimgibt – oder werden damit der Ideologie nicht im Gegenteil Tür und Tor geöffnet?

Was nämlich wissenschaftlich unabklärbar bleibt, das »steht« auf zwei wesentlich verschiedene Weisen menschlichem Verfügen »frei«: einmal insofern, als es in das Feld des Beliebens, der Mode, des Geschmacks gehört – »über Geschmäcker kann man nicht streiten«, sodann insofern, als Wesens- und Wertfragen ins Spiel kommen, über die sehr wohl zu streiten ist, obgleich die Diskussion hier nicht zu wissenschaftlichen Resultaten führen kann und die entsprechenden Beweise nicht »zwingen«.

Vernachlässigt man aus Ideologie-Furcht diese fundamentale Unterscheidung, dann kann man »wissenschaftlich« weder eine Konzeption verwerfen, die den »Mord als schöne Kunst« betrachtet (Thomas de Quincey), also die Moral unmenschlich ästhetisiert (von de Sade bis zu Sado-Faschismen zeitgenössischer künstlerischer Programme), noch kann man dem Anspruch engagierter Gruppen wehren, nicht bloß die Kunst, sondern alle Dimensionen außerhalb der Wissenschaft weltanschaulich zu reglementieren.

Und in diesem zweiten Fall ist man schon deshalb machtlos, weil der Gegner mit Recht die Grenzen einer bloß »instrumentellen Vernunft« (Max Horkheimer) herausstellt. – Um ein naheliegendes Mißverständnis abzuwehren: zur Frage stehen nicht tatsächliche Unmenschlichkeiten. Diese sind im Namen der Wissenschaft wie Gottes, im Namen der Klasse wie der Rasse, der Gerechtigkeit wie der Liebe, ja im Namen der Menschlich-

---

[18] Vgl. J. Splett, Ideologie und Toleranz, in: J. B. Metz (Hrsg.), Weltverständnis im Glauben, Mainz [2]1966, 269–286; Konturen der Freiheit 48ff.

der Stufenleiter steht eine Versammlung von Männern, die für eine folgenreiche chemische oder physikalische Detailuntersuchung und deren Ergebnis einen hoch-geschätzten Preis erhalten haben und jetzt als gleichsam säkularisierte Propheten gesellschaftliche oder politische Stellungnahmen von besonderer Autorität abgeben sollen[22].

2. Aber auch dort, wo Fach-Autoritäten im umschriebenen Rahmen ihres eigenen Fachs gehört werden sollen, gibt es noch eine bestimmte Form abergläubischer Erwartung: dort, wo man von ihrer Auskunft das Ende einer Debatte erhofft (im Sinn eines wiederum säkularisierten, um nicht zu sagen: hierher ausgewanderten »Roma locuta causa finita«) statt deren Verkomplizierung. Dabei wird verkannt, daß – wie gesagt – Wissenschaft vor allem ein Diskussionszusammenhang ist. Wissenschaftler sind sich in der Regel nur im unausgesprochenen Prinzipiellen einig, ausdrücklich, im Konkreten, worauf es jeweils ankommt, sind sie meistens uneins.

Darum nehmen weder Hearings den Parlamenten noch Gutachten dem Richter noch Theologen dem Glaubenden die unvermeidliche Entscheidung ab. Sie können die Wahl erleichtern oder erschweren, in jedem Fall sind sie, ist ein bestimmtes Problembewußtsein erreicht, unumgänglich, und in den meisten Fällen erschweren sie die anstehende Wahl. Ein Aspekt dieser Problematik ist die belastende Tatsache, daß man sich unter den gegnerischen Fachleuten die eigenen Gewährsmänner wählen muß – einerseits ohne selbst Fach- oder gar richterlicher »Super«-Fachmann zu sein, andererseits ohne sich bloß auf den eigenen Geschmack oder die eigenen Wünsche berufen zu dürfen.

3. Die Erwartungen werden also enttäuscht. Aus der Enttäuschung aber entspringt nun eine spezifische Wissenschaftsfeindschaft, die man als negative Faszination ansehen kann: als Wissenschaftsaberglauben negativen Vorzeichens. Die Ausdrucksskala dieser Aversion reicht von dem Klischee der bösen Wissenschaftler in amerikanischen Comic-Strips, denen »simple

---

[22] Vgl. dazu die 1971 erschienene Satire Arthur Koestlers *The Call-Girls* (Die Herren Call-Girls, Knaur-Tb. 1975).

good guys« – gestandene Kerle – den Garaus machen, über die Option für den »gesunden Menschenverstand« gegen die »zersetzenden Intellektuellen« zum wiederholten Hinweis mancher Christen darauf, daß Jesus Fischer vom See und nicht Professoren zu Gründern seiner Kirche berufen habe – was zweifelsohne stimmt (obwohl man Paulus nicht vergessen sollte) –, mit Folgerungen, die in ihrer Verwechslung von Einfalt und Stumpfheit bzw. von Reflexion und Selbstverfangenheit dann nicht mehr stimmen. (Als gälte das Gleichnis von den Talenten nicht auch bezüglich des Intellekts.)

Weder Glaube noch Liebe noch Menschlichkeit, die ihren Namen verdienen, haben den Verstand zu fürchten[23]. Und wenn nach der Feststellung Hugo von Hofmannsthals die gefährlichste Sorte von Dummheit ein scharfer Verstand ist[24], so hätte dem eben die Klugheit des Herzens, und das heißt keineswegs bloß: des Emotionalen, zu steuern[25]. Darum wird hier dem Wissenschaftsglauben nicht etwa ein Plädoyer für das Irrationale entgegengehalten. Es geht vielmehr um eine Frage der Integration. Läßt der Wissenschaftsglaube – man hört die Rede, er gehe zu Ende – sich durch einen wissenden Glauben an Freiheit und durch das Wagnis zu ihr überwinden?

Wissenschaftsgläubigkeit oder Glaube an Freiheit?

Soviel dürfte deutlich geworden sein, daß diese Frage weder mit einem schlichten Ja noch mit einem einfachen Nein beantwortet werden kann.

[23] So wie umgekehrt vor dem Gefühl sich zu fürchten »eigentlich nur der nötig [hat], der zu wenig Verstand hat« (K. Rahner zu P. Aimé Duval, Chansons, Salzburg 1959, 46).
[24] Buch der Freunde, Inselbücherei 1965, 48 (zitiert von H. U. v. Balthasar, Klarstellungen. Zur Prüfung der Geister, Herder-Taschenbuch 1971, 10). Vgl. A. Kraus, Vom Wesen und Ursprung der Dummheit, Köln 1961.
[25] Siehe A. Maxsein, Philosophia cordis. Das Wesen der Personalität bei Augustinus, Salzburg o. J. (1966).

1. Einerseits sagt man, Welträtsel-Lösungen im Stil Ernst Haeckels gehörten dem vergangenen 19. Jahrhundert an. Andererseits glaubt ein Fachwissenschaftler wie Jacques Monod auch heute mit seinem Rüstzeug metaphysische Fragen (im doppelten Wortsinn) »erledigen« zu können. Einerseits reflektiert man in den Wissenschaften selbstkritisch die (dimensional) beschränkte Reichweite ihrer Ergebnisse, die der methodischen Beschränkung der jeweiligen Fragestellung entspricht; auf der anderen Seite wollen Wissenschaftstheoretiker die gesamte bisherige Philosophie beerben.

Verdeutlichen wir das Gemeinte am Beispiel der Gottesfrage[26]. Nach Objekt wie Methode müssen die Wissenschaften von Gott (bzw. von Wahrheit oder Falschheit des Satzes, es gebe Gott) absehen. Die Benennung ihrer weder bejahenden noch verneinenden Abstraktion als, etwa »methodischer«, Atheismus erklärt sich historisch aus dem Emanzipationsprozeß der Wissenschaften, die sich ihre »Selbst-Verständlichkeit« erst zu erringen hatten. – Zum Teil müssen sie es sogar noch; denn daß der Autonomie in eigenen Fragen die Unzuständigkeit in anderen, besonders den philosophischen Grundfragen, korrespondiert, scheint eben noch nicht überall erkannt – negativ in der Propagierung eines »wissenschaftlichen Atheismus«, positiv bei Wissenschaftlern wie bei Theologen im Bemühen um »naturwissenschaftliche Gottesbeweise«.

Solches Reden ist aber gerade noch dieser Vergangenheit verhaftet und führt dadurch irre. Die Wissenschaften sind so wenig atheistisch, wie man, banal ausgedrückt, Sport oder Rechtschreibung oder Rechnen als atheistisch bezeichnet, obwohl auch hier Gott nicht »vorkommt«.

Ebenso führt es irre, wenn man für das Reden von Gott eine wissenschaftlich formalisierte Sprache verlangt. Von Gott wird aus dem Grund anders als von einem Elektron gesprochen, weil von Freiheits- und Sinnsachverhalten anders zu sprechen ist als

---

[26] Vgl. J. Splett, Gotteserfahrung im Denken. Zur philosophischen Rechtfertigung des Redens von Gott, Freiburg–München ²1978, bes. 178–185.

von Natursachverhalten. Hier gilt ein anderes »Sprachspiel«. So wird die Gewißheit des Glaubens (an Gott wie an einen Menschen), die der Wissenschaftler als »Leben mit einer bestimmten Hypothese« beschreiben will, in solcher Transponierung ähnlich verfehlt – das heißt, es wird ähnlich gerade vom Entscheidenden »abstrahiert« –, wie es hinsichtlich der Farbqualität durch das Insistieren auf der Wellenlänge als dem »Eigentlichen« geschieht.

2. Wiederholen wir unsere Frage, nicht um sie hier zu beantworten, und zwar darum, weil die Antwort jeder Einzelne zu geben hat: Ist der Mensch bereit, sich als Freiheitswesen zu verstehen, oder bleibt es bei Fichtes bitterer Diagnose (oben S. 32) von der Lava im Monde? Weniger als die Analogien zwischen Gehirn und Computer sollte vielleicht den Anthropologen die Frage beschäftigen, ob die Menschen aus Angst vor ihrer Freiheit sich tatsächlich lieber als Computer (oder auch als selbstdomestizierte Primaten) verstehen wollen denn als »angerufene Freiheit«.

Läßt der Mensch, trotz der Enttäuschbarkeit seines Glaubens an die Freiheitsentscheidung des andern wie an seine eigene, sich darauf ein, solche Gewißheit als Gewißheit zu vertreten (vgl. 2 Tim 1,12: »Ich weiß, wem ich geglaubt habe«)? Oder läßt er sich – »kleingläubig« – dazu überreden, Glauben heiße Nichtwissen? (Als ob es übrigens in den Wissenschaften keinen Irrtum gäbe und keine fundamentalen Postulate. Nicht nur Rot und Grün muß man ja erblicken, auch den Zeigerausschlag der Instrumente muß man letztlich selber sehen – und hier seinen Augen *trauen*.) Wird er erklären, er wisse zwar Gewicht und Körperlänge des anderen, aber nicht so sicher, daß er ein Mensch sei und keine Maschine [27], schon gar nicht, ob er ihm vertrauen könne?

Erklärt der Mensch angesichts der Unverfügbarkeit der Freiheit sich dafür, das Verfügbare für das Wesentliche zu halten (nach Kezals Rat in der »Verkauften Braut« [Sabina-Smetana]: hält er sich angesichts der Unsicherheit bezüglich des Schatzes

---

[27] Vgl. W. Büchel, Mensch und Automat, in: Stimmen der Zeit 184 (1969) 113–120.

im Herzen an den Schatz im Beutel)? Oder wagt er es, auf das Unverfügbare zu setzen?

Wem solche Anfrage zu privat(istisch) und emotional klingt, mag die Rede von Vertrauen und Liebe durch die von Person, Person-Würde und -Achtung, vom unabdingbaren Menschenrecht jedes Einzelnen ersetzen. Hat die Menschenrechts-Charta dieses Recht begründet oder es bloß rechtens anerkannt? Und was hat die Generalversammlung der Vereinten Nationen am 10. Dezember 1948 anerkannt: Instinktresiduen (wie Tötungshemmung gegenüber Artgenossen), Überlegungen des »gesunden Menschenverstandes« (wie »Wenn das alle täten...«, »wenn alle einander umbrächten...«) oder eben ein Recht? Und woher solches Recht nicht einfach *des*, sondern *jedes einzelnen* Menschen?

Es klang in Rückerinnerung an Aristoteles schon an: Wissenschaft hat es mit Wiederholbarem, zumindest mit Vergleichbarem zu tun. Wo es um allgemein verifizierbare Empirie und effiziente Prognostik geht, muß man von der Freiheit der Einzelnen absehen können. Wie will nun der Mensch selbst sich zu diesem unfaßlichen »Rest« wissenschaftlicher Selbstverständigung verhalten? Ist es bloß ein Rest, quantité négligeable? Oder darf er zwar nicht vernachlässigt werden, dies aber leider: Sand im Getriebe des wirtschaftlich-politischen Gefüges?

»Man muß sich auf den anderen verlassen können.« Worauf an ihm: auf ihn oder auf das Manipulierbare an ihm – auf seine Habsucht, Furcht oder seinen Ehrgeiz? Auf ihn selbst oder auf den Preis, den angeblich jeder Mensch hat? – »Der Mensch soll den Menschen achten«. Was an ihm: Qualitäten, Vermögen, Funktionen, Brauchbarkeit, Benutzbarkeit oder auch noch etwas jenseits dessen, das dann zugleich das eigentliche Fundament seiner Achtbarkeit darstellte, auch wenn er alles andere als im üblichen Wortsinn »achtbar« wäre[28]?

---

[28] In diesem Sinn hätte auch Verachtung noch ein Modus von Achtung zu sein. Auch dem »Unmenschen« habe ich nicht als »Untermenschen« oder noch weniger (»Schädling« etc.), sondern als Menschen zu begegnen. (Christlich heißt das: Nächsten- und Feindesliebe.)

»Entmythologisiert« Wissenschaft dergleichen oder setzt sie es bleibend voraus? Und welches Gewicht, welche Lebensbedeutung hat diese Voraussetzung (das Gegenteil bloßer Hypothese) für den von Wissenschaft geprägten Menschen?

3. Nicht dies Kapitel, nicht das Buch, auch der Leser wird die Fragen nach der Überwindung des Wissenschaftsglaubens nicht beantworten können. »Simul iustus et peccator – zugleich gerecht und Sünder, unmenschlich und menschlich« lautet eine Grundformel theologischer Anthropologie, auf die man sich heute über Konfessionsgrenzen hinweg verständigt[29]. Und auch nicht-theologische Reflexion mag sich dieser handlichen Formulierung unserer Selbsterfahrung bedienen.

Ob auf Sterne, »Mächte und Gewalten«, auf Reichtum oder »Schlachtrosse«, auf Macht oder auf das Wissen, das Macht ist, immer wohl wird der Mensch sich rückversichernd an Anhalte klammern. Woher also sollte man ein Schwinden des Wissenschaftsglaubens erwarten? Auch wenn man davon reden hört. Sollte man es überhaupt wünschen, gesetzt, es käme dann nur um den Preis atavistischer Formen der Versicherung dazu[30]? Anders gesagt: die Kategorie ›Fortschritt‹ ist in derart prinzipiellen Fragen nur mit Skepsis zu verwenden.

Gleichwohl aber – wozu sonst Überlegungen dieser Art – hoffen wir auf ein Wachstum an Freiheit und Freiheitsbewußtsein in und zwischen uns allen, also auf eine Minderung an Wissenschaftsgläubigkeit. Gerade die wissenschaftlichen und wissenschaftstheoretischen Bemühungen der Gegenwart könnten dem dienen, wenn sie sich dazu verstehen wollten, mit ihrer Kritik nicht vor den eigenen Voraussetzungen innezuhalten – wenn sie Kritik im Wortsinn einüben hülfen: als Wille zur Unterscheidung.

[29] Vgl. etwa K. Rahner, Gerecht und Sünder zugleich, in: Schriften ... VI, Einsiedeln ²1968, 262–276.
[30] Wäre beispielsweise der Abbau von Eignungstest-Batterien auch dann noch zu begrüßen, wenn deren Stelle Horoskope – oder das graphologische Gutachten der Gattin des Chefs – einnähmen?

3. PRÜFSTEIN DISKRETION

Zunächst mag es ungereimt klingen, wenn man von der neuzeitlichen Wissenschaft Unterscheidungshilfe erwartet. Ist ihr Siegeszug doch eben dadurch möglich geworden, daß sie, wie eben bedacht, von unfaßlichen Wert- und Wesens-Unterschieden absah, um alles *unterschiedslos* (ver-*gleichend*) zu untersuchen – und um unterschiedslos *alles* zu vermessen, frei von Verachtung und Ekel wie von Rührung und Ehrfurcht.

Unterschiede als Unterdrückung?

Der Ort des Unterschieds demgegenüber ist offenkundig der Mythos oder vielmehr das mythisch-»magische« Bewußtsein überhaupt, vor allem mit seiner Grundunterscheidung zwischen dem Heiligen und dem Profanen. Der alltägliche Lebensraum des Profanen mit seinen menschlichen Maßen wird hier umfaßt, das heißt, garantiert und bedroht zugleich, von seinen Grenzen zum überwältigend Unmenschlichen hin: ausgesparte Lichtung in der Welt des Übermenschlich-Göttlichen wie des »untermenschlichen« (Natur-)Dämonischen [1].

Die prägende Stimmung solch unterscheidender Weltsicht scheinen Angst und Schrecken zu sein: Die Göttlichkeit des Zeus verbrennt Semele; den Usa, der die Bundeslade schützen wollte, erschlägt Jahwes Zorn (2 Sam 6, 6–8), und selbst vom Tisch des Herrn drohen den Gästen bei Unachtsamkeit Siechtum und Tod. Der Angst verschwistern sich Selbstabwertung und Scham: Der

---

[1] Für ein ausführliches Referat und Plädoyer zur religionsphilosophischen Diskussion dieser Daten siehe: Die Rede vom Heiligen.

Mensch sieht angesichts seines Gottes sich selbst als »Staub und Asche« (Gen 18,27); Simon Petrus »fiel Jesus zu Füßen und sagte: ›Geh fort von mir Herr, ich bin ein Sünder‹« (Lk 5,8).

Doch nicht nur in der religiösen Dimension regiert der Unterschied. Ebenso tiefgreifend ist der philosophische Logos von ihm geprägt. Unmittelbar spricht ihn der Titel »Meta-physik« aus. Anstelle der Grenze von Profan und Heilig tritt hier die »Kluft« zwischen der physischen, das heißt, natürlichen Welt und der »dahinter«- oder »darüber«(meta)-liegenden Überwelt ewiger Wahrheit. Diese (zu) *unterscheidende* Dualität wird zwar ursprünglich ebensowenig »dualistisch«, das heißt, als trennendes Gegeneinander gedacht, wie im religiösen Bewußtsein das Heilige und das Profane in Entgegensetzung stehen; doch hier wie dort hat sich die Spannung solcher Polarität nicht festhalten lassen; und indem die wechselbezügliche Einheit zur Zwei-Welten-Lehre zerfiel, entstanden auch hier Angst und Scham.

Angst verursacht dem Menschen sein »Exil« in dieser Welt, sein Eingesperrtsein in Grab und Gefängnis des Leibes. Und zugleich ist diese Lage Grund zu metaphysischer Scham. – Plotin wollte Eltern, Vaterstadt und Geburtszeit nicht nennen: er war »die Art von Mann, die sich schämt, im Leibe zu stecken«[2]. »In der Scham ist eine Angst, weil der Geist auf der äußersten Spitze der Besonderung... derart bestimmt ist, daß der Geist nicht rein als Leib bestimmt ist, sondern als Leib in geschlechtlicher Besonderung« (S. Kierkegaard – siehe oben S. 22).

Eugen Fink beschreibt das Menschenbild »in der kentaurischen Metaphysik des Abendlands« als »Tier mit dem göttlichen Funken in sich, als das oberste Naturgeschöpf, das bereits an das Geisterreich grenzt, Bürger einer intelligiblen Welt ist ... Der Mensch...als eine existierende Spannung...,die ein ständiger Kampf ist, ein Streit des Tierischen und Göttlichen in uns.«[3]

Der Dienst der Wissenschaft im Prozeß der »Emanzipation« von solchen Zwangs-Vorstellungen lag nun gewiß gerade in der

[2] So beginnt Porphyrios sein Buch über Plotins Leben und über die Ordnung seiner Schriften, Bd Vc der Meinerschen Plotin-Ausgabe, Hamburg 1958, 2/3.

[3] E. Fink, Spiel als Weltsymbol, Stuttgart 1960, 44.

Absage an deren (»Standes«-)Unterscheidungen; sei es, daß man sie gleichmachend leugnete, sei es, daß man sie für gleichgültig erklärte. Wissenschaft besagt »Demokratisierung«, und dieser Gewinn ist zu wahren.

Doch inzwischen wächst das Bewußtsein für die »Dialektik der Aufklärung«: für die Gefahr, daß Demokratie zur Herrschaft des Pöbels entarte. Und dies sei, nach Platons Vorbild, sowohl auf den Staat wie auf die Familie wie auf jenes komplexe psycho-physische Gebilde bezogen, das jeder Einzelne darstellt[4]. – Erst recht bedürfen also Demokratie und Freiheit der Diskretion. Und Wissenschaft wird unwissenschaftlich, wenn sie glaubt, die Autonomie *in ihrer Dimension* ohne Unterscheidung auf ihre Rolle *im Dimensionen-Gesamt* übertragen zu sollen. Sie wird also alles, was ihr begegnet, vergleichen, darf aber nicht erklären, alles sei im Grunde vergleichbar.

Mit anderen Worten: Sollte den Menschen vor Beschämung nur die Flucht in Schamlosigkeit retten? – Demgegenüber folgt jetzt ein Plädoyer für die Scham. Vielleicht ist das *Wort* nicht mehr zu retten (darum erscheint es auch nicht in der Überschrift des Kapitels); gälte dies jedoch auch von der Sache, wäre es um das Menschsein geschehen[5].

[4] Man lese darum auch Max Horkheimers Notiz in diesem mehrfachen »Schriftsinn«: »Daß in der Demokratie der Unterschied zwischen der crapule und den anständigen Leuten nicht mehr gelten soll, heißt nicht, daß es crapule nicht mehr gibt. Er wird vielmehr zugunsten der crapule liquidiert … die Noblesse als Charakterzug wird nichtig und lächerlich … [Vornehmheit wird als um so abgefeimtere Interessenkaschierung gesehen.] Den Zuschauern ist schon deshalb viel daran gelegen, jeder feineren Geste dies nachzusagen, weil sie durchs wahrhafte Dasein dessen, was nur als Vorwand ein Recht auf Bildung genießt, sich in ihrer glatten Entschlossenheit zur Vulgarität zutiefst beunruhigt fühlen.« Notizen 1950 bis 1969 und Dämmerung. Notizen in Deutschland, Frankfurt/M. 1974, 88f.

[5] Scham hat, wie bereits mehrfach anklang, mit der Leiblichkeit des Menschen zu tun, und dessen Leiblichkeit ist in gewisser Weise in der Geschlechtlichkeit konzentriert (Konturen der Freiheit 59ff). Darum hat es sein Recht, daß faktisch diese Dimension im Zentrum des Bedeutungsfeldes von ›Scham‹ steht, unrecht wäre nur die Reduktion des Felds auf diesen Punkt. Wenn also das Folgende in seiner Akzentuierung dem Wortgebrauch folgt, dann will es diese eine Dimension doch *exemplarisch* für alle Bereiche des Menschlichen behandeln – wie auch wiederholt eigens angemerkt wird.

Scham ist ein Kulturphänomen. Wie etwa – oder vielmehr: wie vor allem – die Sprache. Eine Vermutung vorweg: besagt sie als solches vielleicht auch, ähnlich der Eindrucks- und Ausdrucksfähigkeit einer Sprache, zugleich einen *Qualitäts-Index* von Kultur? Indes muß vor solchen Fragen eventueller Qualitätsbestimmung erst das »quale« unseres Phänomens bestimmt worden sein: welcher Art, was für ein Phänomen ist die Scham? Sie als Kulturphänomen zu erkennen räumt gleich eingangs einige gängige Mißverständnisse aus dem Weg.

1. Kultur ist die Natur des Menschen; das heißt, sie ist ihm natürlich, aber dies auf kulturelle Weise, also nur durch Lernen und Tradition dieses Lernens. Wie man bei der Sprache (siehe oben S. 28) zwischen dem Sprachvermögen als solchem, der Gesamtheit der faßbaren Sprachäußerungen und dem Sprechen der Einzelnen unterscheidet, sind auch bei der Scham ihre anthropologische Wurzel, ihre Grundbestimmungen und ihr konkreter Ausdruck zu unterscheiden.

Vor den Ursprungstheorien bezüglich Schamgefühl und Schamverhalten befinden wir uns darum in ähnlicher Situation wie angesichts der verschiedenen Theorien über den Ursprung der Sprache, die es nicht selten versäumen, Wesensursprung und zeitlichen Anfang auseinanderzuhalten. Ob man nämlich hier sich auf einen göttlichen Sprachunterricht zu Beginn der Geschichte beruft oder den Einfall und die Übereinkunft Einzelner an den Anfang stellt, ob man auf angeborene Zuordnungen von Lauten und Vorstellungen oder auf triebhafte Gefühlsäußerungen zurückgreifen will, ob man Information oder Nachahmung als Grundbestimmung wählt, stets hat man nur *etwas* an der Sprache erklärt, nicht sie selbst: »Der Mensch ist nur Mensch durch Sprache; um aber die Sprache zu erfinden, müßte er schon Mensch sein« (Wilhelm v. Humboldt)[6].

---

[6] Über das vergleichende Sprachstudium ... (1820), in: Werke in fünf Bänden (A. Flitner/K. Giel), Darmstadt 1960ff, III 11. H. Arens, Sprachwissenschaft. Der Gang ihrer Entwicklung von der Antike bis zur Gegen-

Kurz: die Meinung, das Schamgefühl sei *nur* ein Erziehungsprodukt, eine These, die »anstatt in ihm eine der Wurzeln der Moral zu sehen, es zur Folge einer Erziehung ›nach moralischen Grundsätzen‹ macht, die in einer Sozietät die herrschenden sind« (Max Scheler)[7], kann hier von vornherein als unzureichend ausgeklammert werden – in Entsprechung dazu, wie heutige Sprachphilosophie ähnlich eindimensionale »Entstehungsmythen« (von welch wissenschaftlichem Anspruch auch immer) bezüglich der Sprache übergeht.

Ein anderes ist Erziehungs- und Geschichtsbedingtheit des Scham-*Ausdrucks* und seiner Formen sowie der *Anlässe* und Gegenstände der Scham. Darauf stößt beispielsweise der heutige Leser schon bei der Lektüre der eben zitierten, leider unvollendeten, Abhandlung Schelers aus dem Zeitraum zwischen 1910 und 1914, obwohl sie noch immer unüberholt den klassischen philosophischen Text zu unserem Thema darstellt.

2. Geschichtlichkeit und geschichtlicher Wandel eines Phänomens schließen jedoch die Selbigkeit seines Wesens nicht aus, auch und gerade dann nicht, wenn die Veränderungen nicht äußerlich, beiläufig bleiben, sondern es als »Wesenswandel« innerlich bestimmen. – So ändert der Mensch (»der Mensch als solcher« wie jeder einzelne Mensch) sich. Das heißt, er ändert nicht bloß etwas an sich – bezüglich dessen wäre sogar weithin eher von Wechsel, Ablösung oder ähnlichem zu sprechen statt bloß von Änderung –: in solchem Wechsel ändert er *sich selbst;* doch der sich darin ändert, ist eben *er selbst.* Er bleibt also nicht der gleiche, aber (und zwar nur dadurch) der bleibend selbe.

Was also ist nun im Wandel der Ausdrucksgestalten wie ihrer selbst die Scham »als solche«, was ist jenes selbe, das sich in all dem verändert: die Scham selbst? – Beginnen wir (de-finire!) mit einer Ausgrenzung dessen, was sie *nicht* ist.

---

wart, Freiburg-München ²1969, 3: »Mythen verschiedener Völker berichten, wie der Mensch zum Feuer kam oder das Getreidekorn gewann – von den Göttern, aber ich kenne keinen Mythos (d.i. Wort), der überliefert, wie der Mensch zum Wort, zur Sprache gelangt.«

[7] Über Scham und Schamgefühl, in: Schriften aus dem Nachlaß. Bd. I, Bern ²1957, 65–154, 92.

a) Unbeschadet eines einschlägigen Wortgebrauchs hat Schamgefühl im hier gemeinten Sinn nichts mit *Beschämung* über Dinge, Zustände oder Vorkommnisse zu tun, die als »beschämend« gelten. Scham ist »an sich« keine Peinlichkeitsreaktion angesichts einer zutage getretenen »Minderwertigkeit«, sondern vielmehr das – unwillkürliche – Gewilltsein zum Schutz eines Wertvollen vor jeder Minderung. Das gilt von der leiblichen wie von der seelischen Scham. Es geht hierbei nicht um irgendein mögliches (bzw. leider nicht mehr mögliches) Vertuschen oder Verdrängen; es geht nicht um Unterdrückung, sondern um *Bewahrung*.

b) Ebensowenig ist Scham andererseits *Prüderie*. Prüderie definiert Scheler als »eine Ausdrucksform der Scham, die schamgefühlsleer ist und den Tendenzen des faktischen Schamausdrucks nicht mehr entspricht« (93). Prüderie in diesem Verständnis ist also nicht ein hochgradiges, vielleicht übertriebenes Gefühl der Scham, sondern im Gegenteil liegt sie gerade dort vor, wo man Formen, in denen sich früher Scham ausdrückte, festhält, ohne daß sie jetzt noch dies Gefühl beseelt – sei es, daß inzwischen Scham sich anders ausdrückt, sei es, daß sie in solchen Situationen gar nicht mehr herausgefordert wird. – »Prüderie ist Widerstreit der objektiven Scham mit der subjektiven Scham« (ebd.) – lassen wir offen, inwieweit man öfters eher sagen müßte: mit subjektiver Schamlosigkeit.

Eben gegen diese richtet sich nämlich jenes »selten richtig verstandene Negativ zur Prüderie« (94), das Scheler gleich im Anschluß an sie behandelt: der Kynismus. Er ist in seiner reinen Gestalt demnach selbst ein Scham-Phänomen. (Zu zynischen Formen eines radikalen Protests gegen »Stil« und Kultur überhaupt, im Paradies-Programm eines anti-historischen »retour à la nature«, siehe unten S. 75f.)

c) Schließlich ist Scham nicht in dem Sinn ein Bewahrungsphänomen, als ginge es um *Vorbehalte*. Keineswegs handelt es sich bei ihr nur um verinnerlichte Rechts- und Eigentumsansprüche, etwa der Ansprüche des Vaters auf die wertvolle Unversehrtheit seiner Tochter oder des Mannes auf die ihm »gehörende« Frau. Auch als Selbstwert- und Selbstbewahrungsgefühl gehört die Scham nicht eigentlich in die Sphäre von Gerechtigkeit und Recht; sie gehört zur Sphäre der Liebe. Das sagt, die Bewahrung, die hier gemeint ist, bildet keinen Gegensatz zur Selbsthingabe, sondern steht in deren Dienst, und das in Strenge verstanden. Sie dient also nicht bloß derart der Hingabe, daß sie um deretwillen sich »bislang noch« (im Fall der Tochter) oder sich »Unbefugten« (im Fall der Ehefrau) verweigert: die Hingabe selbst ist nur Liebeshingabe, wenn sie nicht schamlos geschieht, und sie wird nur *als* Liebeshingabe (das heißt, liebend) entgegengenommen, wenn ihr Scham erwidert.

3. Was aber will die Scham nun wirklich bewahren? Was ist in Wahrheit sie selbst? – Die These dieses Kapitels läßt sich formal und inhaltlich-gefüllt ausdrücken: In der Scham sucht a) Freiheit, das heißt die Person als Freiheitssubjekt, sich und den anderen zu wahren, und dies so, daß sie b) ihre (und dessen) Hingabe als Freiheitsgeschehen, ihre Liebe als Liebe zu bewahren sucht. Anders und zunächst sehr konzentriert gesagt: in der Scham geht es um die Bewahrung von Person und Freiheit als solchen, dies aber nicht abstrakt, sondern konkret, also um Person- und Freiheits*vollzug*: es geht um ein Ja der Person zu sich selbst, und zu Person überhaupt, dem es nicht bloß um sich (dieses Ja) und sie (die Personen) selbst geht, sondern gerade um deren »Gehen-um«, ihren Sinn.

Diese kompakte These ist nun zu entfalten. Das sei hier in einem gleichsam kreisenden oder vielmehr spiralförmigen Vorgehen versucht. Es wird also weniger von einem zu anderem fortgegangen, als daß zunächst gewonnene Bestimmungen sich (wie beim Hegelschen »Aufheben«) durch Vertiefung verwandeln: das Selbe zeigt in jeweils neuem Licht sich neu.

Bewahrung der Person und ihrer Selbsthingabe

1. Beginnen wir mit dem formalen Aspekt: Person will sich (als sie) selbst bewahren, will auch von anderen so respektiert sein und will, daß auch diese anderen selbst derart respektiert seien (von ihr, von dritten wie von sich). – Das Gemeinte läßt sich

vielleicht am kürzesten durch jene Forderung verdeutlichen, die Friedrich Nietzsche im Vorwort zu einem so »exhibitionistischen« Werk wie seinem »Ecce Homo« erhoben hat: »Verwechselt mich vor allem nicht!«[8]

Das Leibliche als solches wie das Seelische und Geistige als solche leisten der Verwechslung Vorschub. Im Leiblich-Seelischen drängt sich das biologische Allgemeine von Gattung und Art vor, im Geistigen das Allgemeine von Verstand und Vernunft. In beiden Perspektiven also droht das unverwechselbar Eigene der Person aus dem Blick zu geraten. Sich äußern heißt, sich im allgemeinen zu artikulieren – wie sonst auch sollten andere verstehen! Schüchternheit, Befangenheit, Gehemmtsein lassen den Menschen davor zurückschrecken, sich derart auszusetzen; Scham hingegen zielt darauf ab, dieses Sich-Äußern als solches bewußt zu machen und zu halten.

Leibliche, seelische wie geistig-geistliche Scham wollen also das Bewußtsein der Differenz von Wer und Was, von Person und Natur, von Ich und Struktur lebendig halten. Darum zeigt Scham sich dort nicht, wo es bloß um Was, Natur, Strukturen geht – insoweit es dies gibt, also z. B. in der Wissenschaft rein als solcher: in der Medizin etwa wie der Psychologie, der Soziologie, auch in der Philosophie – im Maße als (und zwar auch im konkreten Fall) sich von den jeweils einbezogenen Personen absehen läßt. Ebenso fällt offenbar die Frage der Scham dort dahin, wo und insoweit in einem personalen Verhältnis dieses bestimmte Ich und dieses unaustauschbare Du sich gleichsam hüllenlos im »Ineinanderblick« (Dietrich v. Hildebrand) begegnen, sei dies im Gipfel-Augenblick eines erotischen Verhältnisses, sei es in einem geistlichen Gespräch solch entrückender Intimität, wie es etwa Teresa von Avila und Johannes vom Kreuz gewährt worden sein soll.

Innerhalb solcher Grenzmarken liegt der all-tägliche Lebensraum menschlicher Freiheit. Darum ist er auch der Ort zu bewahrender Scham: als des »Schutzgefühl[s] des Individuums und

---

[8] Werke (Schlechta) II 1065.

seines individuellen Wertes gegen die gesamte Sphäre des Allgemeinen« (Scheler 80)[9].

Gegen das Allgemeine des Denkens; darum fühlen wir »schon eine leise Scham, wenn wir ein ganz individuelles Erlebnis, das unser eigen ist, unter einen allgemeinen Begriff subsumieren und gleichsam ›feststellen‹, *daß* dies Mitleid, daß dies Liebe sei« (79). Gegen das Allgemeine des Stoffs; darum läßt erst die Scham den Körper und seine Organe als Leib, das heißt, als Da-Sein eines bestimmten unvertretbaren Einzelnen erscheinen. Scheler nennt sie »geradezu das ›natürliche Schamkleid‹« und spricht von der »fast stofflichen Schamhülle« der griechischen Plastik (86f). Mit ihm sei hierzu Friedrich Nietzsche zitiert: »Das züchtigste Wort, das ich gehört habe: ›Dans le véritable amour c'est l'âme, qui enveloppe le corps.‹« [10]

Hierzu ist freilich, nicht ohne eine gewisse Akzentkorrektur gegenüber Scheler (in geringerem Maß wohl auch gegenüber Nietzsche), klarzustellen, daß weder das Allgemeine des Denkens noch das der Körperlichkeit irgend abgewertet werden soll. Die zuvor betonte Bewahrungstendenz der Scham gilt nicht etwa bloß dem wertvollen Selbst (dem eigenen wie dem des andern), sondern ebenso dem Allgemeinen. Scham besagt Diskretion, das heißt: Unterscheidung.

Wenn es der Freiheit um die Freiheit geht, dann geht es ihr auch um Freiheit von sich, also um *Sachlichkeit*[11]. Scham ist darum zugleich ein Schutzempfinden *für* »die gesamte Sphäre des Allgemeinen« gegen ihre Verzeichnung durch »persönlich werdende« Individualität. In den Rollen-Situationen Maler-Modell, Arzt-Patient, Diener-Herrin, die Scheler heranzieht (79), fehlt die Scham (als Haltung) also keineswegs; sie gerade hat je-

---

[9] Und dies ist nicht bloß und erst die Sphäre des Sozialen im (von Scheler allein angesprochenen) nachträglich thematischen Sinn: »Es gibt in jedem Betrachte des Wortes Scham eine ebenso ursprüngliche ›Scham vor sich selbst‹ ... wie eine Scham vor andern« (78).

[10] Jenseits von Gut und Böse (4. Hauptst.), § 142 (Werke II 635). Nach Scheler (87) ein Wort der Madame Guyon.

[11] Dies die Grundbestimmung, von Max Scheler her, bei Hans-Eduard Hengstenberg: Philosophische Anthropologie, Stuttgart 1957.

nes Abirren der Intention auf die Individuen zu verhindern, worauf diese in der Tat »mit heftiger Scham [als Affekt] reagieren« sollen. Und diese Reaktion meint dann nicht bloß die Verletzung des Individuellen, sondern ebenso die der Rollen-Situation als solcher: der »Institution«. – Ähnlich steht es bezüglich der seelisch-geistigen Scham und der Gründe für ihr »peinliches Berührtsein« angesichts der Vermischung von persönlicher und allgemeiner Fragestellung.

2. Damit sind wir aber bereits vom ersten Aspekt der Bewahrung zum zweiten übergegangen; denn wenn es der Freiheit um Sachlichkeit geht, geht es ihr (*in* ihrem Gehen-um-sich) um anderes als sie selbst. Und eben dies war der zweite, inhaltliche Satz der zu erläuternden These. – Bewahrung, hieß es, meint nicht Vorbehalt; Scham soll im Gegenteil eben die Vorbehaltlosigkeit der Hingabe bewahren.

Zur Verdeutlichung ist hier an die Grundgestalt des Sich-Zeigens von Freiheit zu erinnern [12].

Freiheit zeigt und gibt sich unvermeidlich in konkreten Taten und Worten, die nicht sie selbst sind. Doch gerade so gibt sie, wenn sie dies wahrhaft gibt, sich selbst – und könnte sich auf keine andere Weise geben. Also vermag Freiheit sich nur derart zu geben, daß sie nicht sich gibt?

Offenbar ist hier ein »Zwei-Welten-Denken« kaum vermeidbar: hinter dem Gesagten bleibe das Verschwiegene, hinter dem Gewährten der Vorbehalt, hinter den Eröffnungen der verschlossene Rest. Und die Weisheit des Märchens (wissend, was im Menschen ist) deutet diesen Rest sogar als Blaubarts Kammer. Doch suchen wir uns von Angst und »Realismus« zu lösen und Gemeinsamkeit in reiner (»heiler«) Form zu denken. Auch und gerade dann stoßen wir auf die Spannung von »sich« und »nicht sich«:

Hingabe ist nicht nur kein Sich-Festhalten (»wie ein Raub« – Phil 2,5ff), sie ist auch kein Sich-Wegwerfen – um so die Hin-

---

[12] Verf. übernimmt hier Formulierungen aus: Gotteserfahrung im Denken 122f sowie: Reden aus Glauben 122f.

gabe rasch hinter sich zu bringen. Statt im Selbstmord der *Hörig-keit* besteht die Hingabe der Freiheit als freie *Treue* darin, eben den Dienst ihrer Hingabe, im Dienst der Einheit die Distanz festzuhalten. Eben das Sich-nicht-Festhalten also hält Freiheit, die sich hingibt, fest. Und als solch ständig quellender Ursprung ihres Sich-Gebens steht sie in unaufhebbarer Differenz zu ihrem Sich-Geben. – Dennoch, auf diese Weise gibt sie nicht etwa nur *trotzdem* sich selbst, sondern im Gegenteil *nur* so und einzig dank dieser skizzierten Möglichkeit. Sonst gäbe nicht Freiheit sich, denn es gäbe sie nicht mehr.

Kurzum: was theoretisch unweigerlich paradox klingt, können Menschen im Vollzug geglückter Übereinkunft durchaus erfahren: daß Freiheit die Vorbehaltlosigkeit ihrer Eröffnung eben in der Gewähr (will sagen: in dem Gewähren und Wahren zugleich) ihrer Unfaßlichkeit schenkt.

Die Wahrung dieser Unfaßlichkeit nun, welche die Hingabe von der Preisgabe unterscheidet, ist das eigentliche Amt der Scham. – Tiefer als um die Spannung von Individuum und Allgemeinem geht es also, wie gesagt, um die von Person und Natur. Die Allgemeingesetzlichkeit des Naturalen (von körperlichen bis in psychisch-geistige Gesetzlichkeiten) droht in ihrer Notwendigkeitsstruktur das Personale zu verdecken; aber nicht minder droht diese Gefahr von seiten der Individualgesetzlichkeit je privater Vorlieben und Eigenheiten, die das Subjekt auf biographisch erklärliche Weise nötigen. – Dem Allgemeinen wie dem Individuellen (Hegel: dem Besonderen) gegenüber steht, was Hegel wie Kierkegaard die Einzelheit, den Einzelnen genannt haben: die Person als sie selbst.

Aber sie steht diesen Dimensionen eben nicht bloß einfachhin gegenüber; sie steht und lebt und vollzieht sich *in* beidem. Darum will Scham die Personen und das Personale nicht ohne weiteres vor dem Naturalen – soweit möglich – bewahren, sondern sie will Person vor der *Verwechslung* mit dieser ihrer Greifbarkeit bewahren. Das heißt, sie will beides in seinem Eigensein wahren; um es mit einer berühmten christologischen Formel zu sagen: sie wehrt der Vermischung der Dimensionen um ihrer Ungeschiedenheit willen.

3. So hat sich als der ursprüngliche Ort der Scham die Interpersonalität als solche gezeigt; das Phänomen der Scham gehört ins Zentrum einer transzendentalen Dialogik. Erst sekundär legt solche Interpersonalität sich im konkret Sozialen, dem Feld von Pädagogik, Soziologie und Psychologie, aus. Aber diese Auslegung darf darum nicht als beliebig und beiläufig gelten. Die konkrete Gestalt verwirklichter Mitmenschlichkeit ist die jeweils vielfach geschichtlich bestimmte Kultur.

Scham-Kultur

Soll von dem Erreichten her nun auf die jeweils geschichtliche »Stunde« hin weitergedacht werden, dann mündet die philosophische Reflexion früher oder später in Zeit- und Kulturkritik, in pädagogisch-politische Programmatik. – Dieses Buch skizziert nur Grundperspektiven; darum soll es hier bei philosophischen »Vorüberlegungen« zu derartigen Programmen bleiben.

1. Dazu sind vorab Kritisierbarkeit und Kritikbedürftigkeit jeder bestimmten Kultur und ihrer Formen zu sehen. Freilich auch nochmals die Kritisierbarkeit und Kritikbedürftigkeit jeder Kritik an ihnen. Solche Einsicht verbietet die Absolutsetzung sowohl bestimmter hier und jetzt geltender Normen und Formen als auch der jeweils geäußerten Kritik an ihnen (geschweige denn der Kritik an Norm und Form überhaupt).

Die spezifisch heutige Problematik, daß man sowohl die Notwendigkeit von Institutionen wie die Fraglichkeit jeder tatsächlich bestehenden Institution erkennt, ist wiederholt erörtert worden und inzwischen wohl weithin bewußt. Aus diesem gemeinsamen Problembewußtsein gehen ja die zum Teil gegensätzlichen Lösungsversuche hervor. Worauf nun unsere Prolegomena bestehen wollen, ist dies, daß jede mögliche Lösung eine kulturelle sein muß, daß sie also nicht in einer Überwindung, oder genauer: Abschaffung, der Spannung von Kultur als solcher gesucht werden kann.

2. War zuvor (S. 68) von Grenzerfahrungen der Schamfreiheit die Rede, dann verlangt dies nun – im Sinn der Ausgangsthese über Scham als Kulturphänomen und Kultur als Natur des

Menschen – nach Präzisierung. In der Sprache des biblischen Mythos (man könnte es auch in Auseinandersetzung mit Freuds Sicht des Kindes und seiner Sexualität formulieren): Adam und Eva schämten sich vor dem Fall nicht etwa deswegen nicht vor einander, weil sie scham-los waren, sondern weil die Scham noch nicht verletzt worden war.

Die verbreitete sexuelle Deutung des Sündenfalls sei jetzt dahingestellt. In der hier vertretenen fundamental-anthropologischen Perspektive zeigt er jedenfalls dieses Gesicht (siehe oben S. 33): Der Griff nach dem Apfel bedeutet jene Verletzung der Scham, welche die Freiheit = Freigebigkeit Gottes in seiner »Bereitstellung« der Welt nicht mehr als solche (an)erkennt; er besagt also jene Verkennung, die die Unverfügbarkeit der Welt als der Schöpfung Gottes im Sinn des Vorbehalts interpretiert und darum das »Gegebene«, statt es als Gabe zu erwarten, ungeduldig an sich reißen, es besitzergreifend nehmen – statt annehmen – will. Ist aber damit die alles tragende Erscheinungs- (das heißt: Hingabe-)Struktur der Schöpfung als solcher [13] verkehrt, dann wird von dieser Verkehrung auch die zwischenmenschliche Erscheinungs-Existenz des Leibes erfaßt: Sein Hingabe-Charakter tritt hinter dem Aspekt von Aggressivität und Bedrohtsein zurück. – Nicht also Geschlechtlichkeit und Geschlechtsvollzug als solche sind sündig, sondern deren lieblos selbstsüchtiger statt liebend dankbarer Vollzug.

Mit anderen Worten, gegen die Deutung des Deutschen Idealismus und seiner Nachfolger wie etwa Ernst Bloch oder – im Blick besonders auf unser Thema – Leszek Kolakowski [14]: Kultur als solche ist nicht Folge eines Sündenfalls, weder im positiven Verständnis (das den Sündenfall als Durchbruch zur »Mündigkeit« sieht) noch im negativen, kulturfeindlichen Sinn [15]. Solche Folge ist erst die faktische, tatsächlich zu kritisierende

[13] Vgl. Deus datus. Über Trans-Immanenz als Freiheitsverhältnis, in: Theol. u. Philos. 47 (1972) 321–340; auch als Kap. 7 (Gottes Menschlichkeit [Analogie]) in: Gotteserfahrung im Denken.

[14] Erkenntnistheorie des Strip-tease, in: Traktat über die Sterblichkeit der Vernunft, München 1967, 33–50.

[15] Vgl. Konturen der Freiheit, Kap. 4.

Gestalt unserer Kultur. Darum entspringt auch Scham nicht einem Sich-Schämen(-Müssen), sondern umgekehrt dieses ihrer Verletzung.

Kolakowski nennt wie wir die Scham ein Kulturphänomen; aber in dem Sinn, daß Kultur die Natur für beschämend erkläre. Die jüdisch-christliche Anthropologie stellt sich ihm so dar, daß Gottes Auge »unsere Kleidung durchdringt und jeden von uns ständig nackt oder natürlich oder schmachbedeckt sieht« (36); »daß der Mensch in Wahrheit nackt ist, die Kleidung dagegen seine Wahrheit verbirgt. Die Rückkehr zur Wahrheit ist die Rückkehr zur Schmach« (37). Kurz: wir sind hiernach »Tiere, denen es gelingt, das eigene Tiersein durch Kleidung zu verbergen« (39). – Die Kultur zeigt sich damit als innerlich ambivalent: als Errungenschaft zwar, doch, weil nur in ständig aufrechtzuerhaltendem Anschein, erheblich belastend [16].

Dementsprechend sieht Kolakowski hinter dem Wunsch nach sexueller Stimulation bei dem Publikum des Strip-tease eine doppelte Grundabsicht wirksam werden: einmal, in Identifizierung mit der Darstellerin, den Willen zu bloßer – antikulturell gesehener – Natur (Exhibitionismus), sodann, in Identifizierung mit der – antinatural gesehenen – Kultur, die Schmähung der fremden Natürlichkeit (Sadismus); und beide Willensrichtungen verschränken sich nochmals charakteristisch und durchdringen einander.

Seine geistvolle Analyse will an einem Teilphänomen sichtbar machen, daß Kultur ein System selbstauferlegter Zwänge sei – im Protest gegen »alle Philosophien der Harmonie«, die »in einem spezifisch menschlichen Geist ›nur einen veredelnden Überbau‹ sehen ... wie die Thomisten und alle hylemorphistischen Schulen« (47). – Läßt man die philosophiegeschichtliche Polemik auf sich beruhen, dann wird der These, wie gesagt, als *Tatsachenaussage* auch der Christ beipflichten; nicht aber, insofern sie als grundsätzliche Definition von Kultur als solcher gelesen sein wollte.

---

[16] Man wird an den »Bericht für eine Akademie« erinnert, den bei Franz Kafka ein ehemaliger Affe über seine Menschwerdung vorlegt.

In der nicht historisch-genetischen, sondern grundsätzlich-philosophischen Perspektive, die es hier festzuhalten gilt, wird demgegenüber behauptet, die Kulturzwänge seien nicht gegen die Natur, sondern gegen die Unkultur gerichtet, nicht gegen das Tierische, sondern das Unmenschliche im Menschen. – Darum stellt es sich als Mißverständnis dar, wenn der Wille zur Beseitigung der Zwänge sich als Programm einer utopischen Abschaffung der Kultur meint verstehen zu müssen. Ebenso ist es ein Mißverständnis, Scham als solche zu den Zwangs-Institutionen zu zählen. – Nicht ein von *Scham* befreiter Mensch ist die adäquate Vision freier Humanität, sondern ein von Beschämung freier und eine von ihren Zwängen befreite Scham. – Dorthin wies das schöne Wort der Madame Guyon.

3. Scham im eigentlichen Sinn ist darum auch nicht vom Tabu her, als Tabuisierung zu sehen. Unter dieser Sicht interpretiert man sie etwa als Angst- (oder auch Eitelkeits-)Phänomen; und von hier aus wird *Obszönität* als Mittel der Kulturkritik eingesetzt. – Im Unterschied zum Bereich der »Pornotopia« [17], in der es schlicht um scham-losen Sexualgenuß geht, zielt das Obszöne ja ausdrücklich auf die Verletzung der Scham – von der leiblichen bis zur seelisch-geistig-religiösen.

Freilich ist bereits die »schlichte« Schamlosigkeit des Pornographischen keineswegs derart »unbefangen«, wie oft unterstellt wird. Darum nicht, weil auch sie – unausweichlich – Kulturphänomen, *menschliche* Schamlosigkeit ist. Das erklärt wohl zwei Phänomene, die gewiß nicht ohne inneren Zusammenhang bestehen.

Das erste ist die von Scheler herausgestellte »Alternative: Scham oder Ekel« (140). Die oft erörterte Frauenverachtung des Roués ist ja weder einfach Überdruß aus Übersättigung, noch richtet sie sich eigentlich gegen die Frau; sie ist im Grunde auf das *andere* Geschlecht projizierter Haß auf das Geschlecht an sich, das heißt auf die Geschlechtlichkeit als solche: aus Ekel ob seiner »Tierhaftigkeit«.

---

[17] E. Mentner/H. Mainusch, Pornotopia. Das Obszöne und die Pornographie in der literarischen Landschaft, Frankfurt/M. 1970.

Und das führt zum zweiten: Nicht nur und erst die Obszönität, sondern schon »reine« Pornographie und -praxis tendieren
einerseits ins Fäkalische und Miktive, andererseits zum Sadismus, bzw. zu vielfachen Kombinationen von beidem.

Obszönität aber setzt dies bewußt als Mittel ein: zur Verletzung der Scham als einer Hülle, um die darunter verborgene
»nackte Wahrheit« in ihrer Häßlichkeit sichtbar zu machen. –
Das Recht dazu soll ihr hier nicht bestritten werden, zumal da
Kultur- und Gesellschaftskritik es sich seit je genommen haben;
freilich dürften sie ihrerseits nicht ausweichen, wenn man sie
nach ihrem wirklich treibenden Interesse befragt. Jetzt sei nur
erörtert, inwieweit – was immer es mit Schönheit oder Häßlichkeit der nackten Wahrheit auf sich habe [18] – Scham als deren
Hülle gedacht werden müsse.

In der Tat ist *Scham* schön. Scheler meint: als »schönes, ganz
unmittelbares Versprechen der Schönheit. Und ihre Art zu versprechen ist ›schön‹, da es ungewolltes Versprechen ist, ja durch
das Verbergen des Schönen auf seine geheime Existenz erst un-
willkürlich hinweist« (101) [19]. Dabei hat er aber nur eine bestimmte Weise von Schamhaftigkeit im Blick (die er im übrigen
mit aller wünschenswerten Klarheit von Koketterie unterscheidet).

Scham als »Gewissen der Liebe« (124) ist aber mehr als nur
Wink und Verheißung; sie ist nicht bloß Hülle und Kleid, die
bedecken: sie *enthüllt*. Und dieser unser Ziel-Satz erhält sein
volles Gewicht, wenn wir ihn statt auf die schamhafte Schönheit
auf den schamhaft Schauenden beziehen.

Schon hinsichtlich jener Schönheit ist er zu bedenken: Die (ihrerseits sehr schöne) Bemerkung Schelers nämlich, »Nichts An-

---

[18] Tatsächlich bedeutet auch in der jüdisch-christlichen Tradition das
Erscheinen der Wahrheit (und so das volle Ans-Licht-Kommen des
Geschöpfs) den Tod des hiesigen Menschen (Ex 33,18–20; 1 Kor, 15,50);
doch die Botschaft der Erlösung ist eben die einer wahren Verwandlung:
der »neue Mensch« hat eine neue Ehre, Grund zur »Parrhesie« (2 Kor 3,12;
Eph 3,12; Hebr 4,16 – Röm 8).

[19] »Selbst das sichtbar Häßliche, z. B. eine häßliche Frau, wird noch schön
im Erblicken ihres Schamausdrucks, der gleichsam sagt: ›Ich bin nicht so
häßlich, wie du meinst.‹« (ebd.)

ziehenderes gibt es vielleicht unter allen weiblichen Reizen als die Scham, die sie zu verbergen strebt« (101), beschränkt sich ja schon durch ihr eigenes »vielleicht« und gilt nur in einer bestimmten gesellschaftlichen Situation. Scham muß nicht bloß derart *indirekt* offenbaren.

Vor allem aber gilt von der Scham des Schauenden, daß sie nur sekundär »diskret übersieht«. Sie tut gewiß auch dies, wo geboten; aber schon hierfür trifft zu, daß schamhafter als das »Übersehen« das Erst-gar-nicht-Sehen ist[20]. Damit aber zeigt sich erst hinter solchen abgewandelten Formen das ursprüngliche Phänomen: der Schamhafte sieht ja weder darum nicht, weil er (übersehen wollend) nicht sehen will, noch darum, weil er unaufmerksam oder blind wäre, sondern im Gegenteil darum, weil er »seine Augen ganz woanders hat«, also weil er »ganz *Aufmerksamkeit*« ist: Scham *ersieht*.

Als Gewissen der Liebe ist Scham ihr Auge, und nur Liebe sieht wirklich: »ubi amor, ibi oculus« (Thomas von Aquin)[21].

Thomas bemerkt bei der Erörterung der »temperantia« (J. Pieper: Zucht und Maß), daß die Sinnenfreude beim Menschen bedeutsam anderer Art sei als beim Tier: während dieses in seiner lebenspraktischen Gebundenheit nur Lust an Nahrung und Geschlecht kenne, sei dem Menschen die Freude am Schönen gegeben[22]. – Hier wirkt also eine Distanzierungskraft, dank deren das Begegnende nicht bloß als (not-wendendes) Mittel zur Befriedigung eines Bedürfnisses in den Blick kommt – und darum sofort den Zugriff provoziert; vielmehr kann so jegliches als es selbst, frei, in seiner eigenen Wahrheit erscheinen.

---

[20] Ähnlich wie man, im Blick etwa auf Adalbert Stifter, bemerkt hat, unter gewisser Rücksicht bestimme der Rang eines Schriftstellers sich danach, was für ihn gar nicht existent sei, betont Scheler, daß die »anima candida« sich weniger durch ihre Reaktion gegen bestimmte Einfälle dokumentiert als vielmehr darin, »daß ihr eben so vieles überhaupt nicht ›einfällt‹, was der schamlosen Seele einfällt« (113).

[21] Sent. 3 d. 35, 1, 2, 1. Scheler: »Ganz analog läßt auch die Ehrfurcht erst die Werttiefe der Welt erblicken, wogegen der Ehrfurchtslose sich immer nur mit der Flächendimension ihrer Werte begnügen muß« (101).

[22] S. th. II–II 141, 4 ad 3. – H. v. Hofmannsthal, Buch der Freunde 55: »Das Schöne, auch in der Kunst, ist ohne Scham nicht denkbar.«

Dieses Erscheinen der Wahrheit von etwas – das Erscheinen von etwas in seiner Wahrheit – ist das Schöne. Und das Gewissen der ihm entsprechenden Aufmerksamkeit ist die Scham. – Statt also, daß sie verklärt und verschleiert – wie es die Erfüllung träumenden Bedürfnisse tun –, entdeckt sie.

Scham ist der Sinn des freien Menschen für das sich ihm schenkende *Geheimnis*.

Diskretion und Seligkeit

Geheimnis aber ist durchaus nicht etwas, das verborgen wäre, so daß es, enthüllt, verschwände. Das gilt von Problemen und Rätseln, womit man das Geheimnis immer wieder verwechselt. Geheimnis ist vielmehr *undurchschaubare Offenbarkeit*.

»Dem ›Mysterium‹ genannten Kern des Lebendigen entspricht nicht etwa irgendwelche nebelhafte Ahnung, oder ein Geheimerlebnis, sondern die gespannte [heute sagte man wohl eher: gesammelte] Anschauung, bei der die Ehrfurcht vor dem Mysterium sich umsetzt in Zucht und Selbstüberwindung« (Romano Guardini)[23].

Das sind – zugegeben – letzte, vielleicht eschatologische Perspektiven. Das Letzte will das Vorletzte und seinen Rang nicht leugnen. Das heißt, der Tabu- und Schutz-Charakter der Scham sei in seinem Recht und seiner hiesigen Notwendigkeit nicht bestritten.

Stanislaus v. Dunin-Borkowski hat in seinen Erzieherischen Miniaturen von »bodenlosen Abgründen« in jeder Menschenbrust geschrieben: »Keiner soll sich selbst hinabstürzen, und soll niemanden hinabstoßen. Eine Enthüllung dieser Tiefen vernichtet den Selbstglauben und anderer Vertrauen. Die Tatsache des Daseins des Geheimnisses genügt. Leugnen wäre Lüge, Ausplaudern Rücksichtslosigkeit oder Beschränktheit.« Im Menschen sei hier durchaus eine »Lichtscheu am Werk. Aber hier

[23] Der Gegensatz. Versuche zu einer Philosophie des Lebendig-Konkreten, Mainz 1925, 245.

ist das Tiefste nicht Furcht vor der Beschämung, sondern keusche Scham vor dem frechen Blick der Geheimnissüchtigen oder dem staunend enttäuschten der Unbefangenen« [24].

Die Diskretion der Liebe – wieder: von der leiblichen bis zur geistigen Scham – trägt hier die Gestalt liebender Rücksicht. Und davon zu reden ist heute wahrhaftig vonnöten; vergißt man doch bei allem Willen zu Wahrhaftigkeit und Wahrheit nicht selten, daß die Wahrheit, soll sie wirklich wahr sein, auch in dem Sinne »konkret« [25] sein muß, daß sie nur liebend erblickt, gesagt und getan werden kann [26].

Trotzdem ist es wohl nicht müßig, diesen Gesichtspunkt ausdrücklich für vorläufig zu erklären. Denn in der hiermit eröffneten Dimension ist die Auseinandersetzung zwischen schonend bewahren wollender Liebe und dem Willen zu ärztlich-prophetischer »Klarstellung«, der nicht weniger Liebe sein muß, unabschließbar. Es gilt darum zu sehen, daß *beides* vorläufig ist – und sich als vorläufig, das heißt, als »aufzuhebend«, wissen muß, soll es sich nicht ideologisch verkehren.

Zuletzt geht es nicht um die Alternative »Verdecken oder Enthüllen«, und auch nicht um die lebenskluge Geduld der Enthaltung von beidem. Diese Geduld *wartet* ja auf etwas: auf *bewahrende Enthüllung* [27].

Dann aber ist die Scham der Rücksicht als Gestalt jetziger (Mit-)Menschlichkeit nicht etwas, das einmal einfachhin ver-

---

[24] Miniaturen erzieherischer Kunst, [2]Berlin-Bonn 1934, 23. Vgl. H. U. v. Balthasar, Wahrheit. Ein Versuch. Erstes Buch: Wahrheit der Welt, Einsiedeln 1947, 233–245: In einem wahren Liebesverhältnis will der eine alles von sich sagen, der andere jedoch ihn nicht dazu kommen lassen: beide aus Liebe.

[25] W. I. Lenin, Ein Schritt vorwärts, zwei Schritte zurück, in: Werke, Berlin 1971, 7, 197–430, 417: »Ein Hauptgrundsatz der Dialektik lautet: Eine abstrakte Wahrheit gibt es nicht, die Wahrheit ist immer konkret...« (Hegel: z.B. Jub.-Ausg. 19, 99).

[26] Eph 4, 15: ἀληθεύοντες ἐν ἀγάπῃ – sich an die Wahrheit haltend in Liebe.

[27] »Geduld, ihr Forscher! Die Aufklärung des Geheimnisses wird durch dieses selbst erfolgen«, Karl Kraus, Beim Wort genommen, München 1955, 452.

schwinden soll (und es ist nicht bloß Ungeduld, wenn man solches Verschwinden – »progressiv« – vorwegnehmen möchte, sondern es zeigt obendrein ein tiefreichendes Mißverständnis an). Ihre vorläufige Gestalt soll sich vielmehr erfüllend verwandeln: Die Liebe der Rücksicht zu rückhaltloser Bejahung; bewahrende Scham zu jener unfaßlich intimen Diskretion, in der zwischen Liebenden eines jeden Geheimnis nicht von und bei ihm, sondern jeweils beim anderen – und so wahrhaft bewahrt ist[28].

Solches Ziel aber hätte dann schon auf unseren Alltagsweg zu ihm zurückzuwirken: zu einer entsprechenden Sicht der *stets* gebotenen Achtsamkeit zwischen Menschen – je enger die heutige Welt sie zusammenrückt – und erst recht zu einem humanen Verständnis von Distanz und Miteins in Liebes- und Ehegemeinschaft.

---

[28] »Nacktheit [in jedem Sinn des Wortes] kann äußerste Armut ausdrükken und äußerstes Vertrauen« (G. Kalow, Poesie ist Nachricht, München 1975, 174). Vgl. S. 38 Anm. 32.
In solcher Blick-Umkehr (von meinem Dasein für den anderen zu des anderen Dasein für mich) ist nun auch B. Weltes Sicht des Leibs als Wesens-*medium* (S. 23) zu ergänzen. Mehr als Medium, ist er, mit Karl Rahner gesprochen, „Realsymbol" (vgl. Konturen, Kap. 2), *Terminus* der Selbstdarstellung, „Ende der Wege Gottes" (F. Chr. Oetinger) wie des Menschen. Für den Liebenden wie in der Kunst geht es sehr wohl auch um die Stimme und das Sich-Bewegen des anderen, also um dessen Sicht- und Greifbarkeit als solche, ja auch um die eigene, freilich nicht für den Gesehenen selbst – im Maße das geschieht, wird in der Tat aus Anmut Linkischkeit –, sondern, auch und gerade wenn von ihm gewußt, als für das Auge der Liebe des geliebten Anderen. Zur Humanität der Geschlechtlichkeit und über Ehe als Lebensform siehe: Der Mensch ist Person, Frankfurt/M. 1978, Kap. 5 u. 6.

4. GLÜCK IM SELBSTVERGESSEN

Soll eines Menschen Geheimnis nicht er selbst, sondern ein anderer bewahren: wie steht es dann um ihn selbst und wie um seine Sicherheit? Droht ihm damit nicht zerstörender Verlust, ja hat er sich damit nicht schon verloren? Und wie könnte er sich aus solcher Enteignung wiedergewinnen!

Die Angst dieser Frage wendet sich gegen die Übermacht von Tradition und Gesellschaft; sie treibt die Bücherflut über das Leben zu zweit auf den heutigen Pegelstand hoch; sie drängt schließlich vor allem zur Kritik an Gebot und Angebot der Religionen. Darum soll auch unser Antwortversuch sich in der Hauptsache religionsphilosophisch orientieren.

»Ein Mensch, der von der Gnade eines anderen lebt, betrachtet sich als ein abhängiges Wesen. Ich lebe aber vollständig von der Gnade eines anderen, wenn ich ihm nicht nur die Unterhaltung meines Lebens verdanke, sondern wenn er noch außerdem mein Leben geschaffen hat, wenn er der Quell meines Lebens ist...« (Karl Marx)[1] – Ist nicht eben die Botschaft von der totalen Abhängigkeit des Menschen das Angebot der Religion, und darum ihr Gebot die Forderung des Total-Opfers (»holocaustum« = das Ganzverbrannte)?

Nicht erst Marx verweigert sich diesem Anspruch. – »Prometheus hat die Menschen das Opfern gelehrt, so daß sie auch etwas vom Opfer haben. Es heißt, nicht dem Menschen, sondern einer geistigen Macht hätten die Tiere gehört, das heißt die Menschen haben kein Fleisch gegessen. Prometheus nun ... habe zwei Figuren gemacht, eine, indem er Knochen und Eingeweide mit Haut überzog, und eine Figur ganz von Fleisch, Zeus aber habe

---

[1] Werke – Schriften (H.-J. Lieber) I 605.

nach der ersten gegriffen. Opfern also heißt nun ein Gastmahl halten, und die Eingeweide, die Knochen bekommen die Götter .. Dieser Prometheus hat die Menschen gelehrt, zuzugreifen...«[2]

Verlust und Gewinn sind in erster Linie wohl ökonomische Kategorien. Darum mögen auch unsere Reflexionen beim Bilanz-Verständnis des Verkehrs zwischen Mensch und Gottheit beginnen. Auch dort, wo es nicht so betrügerisch zugeht wie bei Prometheus, ja gerade da, also im »reellen« Geschäft, will der Mensch mit seinem Einsatz gewinnen. (Selbst-)Hingabe bedeutet hier Verzicht im Blick auf größeren Ertrag.

Bei Reflexion dieser Sicht gerät man jedoch an den Punkt, wo der mehr oder weniger ungebrochene Wille zum Selbst in den Willen zu seiner Sprengung umschlägt: in den Wunsch, sich loszuwerden. Selbsthingabe wird zum Programm der Verleugnung des »hassenswerten Ichs« (Blaise Pascal)[3].

Das Scheitern dieses Programms kann schließlich den Blick für jenes Ziel der Freiheit eröffnen, das die Kapitelüberschrift mit dem Namen »Selbstvergessen(heit)« anspricht. Weder positiv noch negativ geht es dann dem Menschen um sich, weil es ihm »aus ganzem Herzen« (Mt 22, 37)[4] um seinen Gott geht.

Selbstverzicht?

1. Wenn die Idee des Opfers »sich von keiner Religion trennen« läßt[5], dann hat man dessen Prinzip seit alters durch die Formel »*do ut des*« charakterisieren wollen. »Hier ist die Butter – wo sind deine Gaben?« (Maitrayani Samhita I 10, 2); »Gib mir, ich gebe dir ... Darbietung biete du mir; Darbietung biete ich dir« (Taittiriya-Samhita 1, 8, 4, 1)[6].

[2] G. W. F. Hegel, Die Religionen der geistigen Individualität (G. Lasson 1927), Hamburg 1966, 131 (Jub.-Ausg. 16, 107).
[3] Pensées, Brunschvicg Nr. 455.
[4] Hugo von Hofmannsthal, Buch der Freunde, 34: »Die ganze Seele ist nie beisammen, außer in der Entzückung.«
[5] B. Constant nach G. v. d. Leeuw, Phänomenologie der Religion, Tübingen ²1956, 394.
[6] Nach G. Widengren, Religionsphänomenologie, Berlin 1969, 284.

Gegen die eng ökonomisch-rechtliche Deutung solcher Texte protestiert die Religionsphänomenologie zu Recht, indem sie auf einem gefüllteren Sinn von Gabe besteht. »Geben fordert Gabe, aber nicht im Sinne eines kommerziellen Rationalismus, sondern weil die Gabe einen Strom entspringen läßt, der vom Augenblick der Gabe an unaufhaltsam von Geber zu Empfänger, von Empfänger zu Geber fließt.«[7] Es geht um »die Schaffung einer Verbindung zwischen dem Geber – dem Menschen – und dem Empfänger – der Gottheit«: vor sie kann der Mensch nicht ohne Gabe treten: »Das kann er nicht einmal bei dem Menschen, der höher steht als er.«[8]

Trotzdem, wenn auch nicht im streng ökonomischen Sinn, will der Gebende dennoch nicht einfach Verbindung, sondern offenbar »Verbindlichkeiten« begründen: »Der Empfänger ist in der Gewalt des Gebers.«[9] Darum muß man zwar van der Leeuw zustimmen, wenn er die Opfergabe einen Teil des Selbst nennt und es ablehnt, von einem klugen Geschäft mit den Mächten zu sprechen: »Wer opfert, opfert sein Eigentum, das heißt sich selbst« (401); aber man muß zugleich darauf bestehen, daß der Gebende so eben doch nur »einen Teil seines Selbst« gibt (ebd.). Denn wie könnte er anders in den Genuß der provozierten Gegengabe kommen?

2. Doch selbst wenn der Fromme wirklich das eigene Leben dahingibt – sei es im einmaligen Opfer, sei es in täglicher Gesetzestreue –, muß er die bisherige Gesinnung nicht schon preisgegeben haben. Nicht nur Kritiker haben diese Mentalität als Sparkassen-Denken bezeichnet; sie können sich auf Spruchweisheiten beziehen wie: »Wer sich des Armen erbarmt, leiht dem Herrn« (Spr 19,17).

Nun ist es dem Verschwender ein leichtes, sich über den Sparsamen zu mokieren. Ernsthafte Kritik fällt weniger einsinnig aus, könnte Verschwendung doch ebenso Ausdruck verzweifelten Zukunftverzichts sein (»Laßt uns essen und trinken; denn morgen sind wir tot – Jes 22,13; 1 Kor 15,32), während Sparsamkeit

---

[7] v. d. Leeuw 395.

[8] Widengren 286.

[9] V. Grönbech nach v. d. Leeuw 395.

dann eine Weise wäre, wie Glaube und Hoffnung sich realisieren. Andererseits kann das Opfer der Gegenwart für die Zukunft einer nicht minder verzweifelten Lebensangst entspringen. So polemisiert etwa Charles Péguy gegen das Zeitalter der Rente: »Der Geizige ist ein Verschwender. Er ist sogar der einzige Verschwender, der wahre Verschwender. Der Geizhals, der auf seinem Geld hockt, ist der Verschwender dessen, was er, um dieses Geld zu haben, verkauft hat. Er vergeudet und verschwendet seine Seele, die er für nichts verkauft hat, um Geld.« Dann fährt er fort: »Und im Gegenteil ist der Barmherzige der wahre Geizige, der sich Güter anhäuft ... Das ist die tiefste Lehre der Evangelien.« [10] – Ist in der Tat dies der tiefste Sinn der Botschaft Jesu? Wie ist das Wort »wahrer Geizhals« zu lesen?

Franz Werfel hat 1939 einen Roman mit dem Titel »Der veruntreute Himmel« veröffentlicht. Er schildert die Geschichte der Magd Teta Linek, die hart für die Priesterausbildung eines ungeliebten Neffen arbeitet, um am Ende erkennen zu müssen, daß sie vom Empfänger des Geldes jahrelang getäuscht worden ist. Werfel deutet im »Epilog« den Romantitel im Sinn Péguys: »Unsere Seelen wollen nicht mehr an ihre Unzerstörbarkeit glauben und damit an ihre ewige Verantwortung. Der veruntreute Himmel ist der große Fehlbetrag unserer Zeit. Seinetwegen kann die Rechnung nicht in Ordnung kommen.. « [11] Doch blickt man auf die Geschichte selbst, dann scheint sie dieses Verständnis zu korrigieren. Hier hat ein Mensch sich »einen Stein im himmlischen Brett zu verdienen« versucht (196) und erfahren, daß ihm sein ganzer Einsatz veruntreut worden ist. Eben durch diese Erfahrung jedoch, und erst durch sie, gerät Teta vor die Gewissensfrage nach Selbstsucht und Liebe – und daraus schließlich (bis zu ihrem Tod nach der Papstaudienz) in eine »Lawine der Erfüllung« (232), die alles Rechnen unter sich begräbt.

[10] Nota conjuncta, Wien-München 1956, 240 (auch in: Ch. Péguy, Wir stehen alle an der Front. Eine Prosa-Auswahl von H. U. von Balthasar, Einsiedeln 1952, 52).
[11] F. Werfel, Der veruntreute Himmel. Die Geschichte einer Magd, Fischerbücherei 9, 243.

Inwieweit also müßte auch das »Darlehen an Gott« zur Sammlung von »Schätzen im Himmel« (Mt 6,20) sich der Frage stellen: »Wenn ihr denen leiht, von denen ihr hofft, es wieder zu bekommen, was für ein Dank steht euch zu?« (Lk 6,34)?

3. In der Tat: wer leiht, bekommt, was er gegeben hat (denn weder Zinsen noch ein möglicher Gewinn geben der Rückzahlung einen höheren Rang, als ihn das Darlehen besaß). Wie aber, wenn das Interesse des Menschen eben auf qualitative Umwandlung zielte: auf seine Vergöttlichung? Aus dem Verzicht auf Zeit – sei es auch auf die ganze Zeit – muß er sich dann zu einem endgültigen Selbstverzicht durchringen. Der Rat zum Selbstverzicht wird zum Programm der Selbstaufhebung.

Empedokles mit seinem Todessprung in den Ätna wäre ein Name für dieses Programm. Hier sei es an der These des Ingenieurs Kiriloff aus Dostojewskijs »Dämonen« verdeutlicht. »Das Leben wird einem jetzt für Angst und Schmerz gegeben, und hierin liegt der ganze Betrug ... Aber es wird einen neuen Menschen geben, einen glücklichen und stolzen. Wem es ganz einerlei sein wird, zu leben oder nicht zu leben, der wird der neue Mensch sein. Wer Angst und Schmerz besiegen wird, der wird selbst Gott sein ... Ein jeder, der die wichtigste Freiheit will, muß sich selbst zu töten wagen ... Wer sich selbst zu töten wagt, der ist Gott ... Wer sich tötet, um die Angst totzuschlagen, der wird sofort Gott sein.«[12]

Weniger dramatisch spricht derselbe Umschlag sich in zwei, ja schon in einer Zeile der Hymne »Eleusis« aus, die der junge Hegel im August 1796 an seinen Freund Hölderlin richtete[13]: »Was mein ich nannte, schwindet./Ich gebe mich dem Unermeßlichen dahin./Ich bin in ihm, bin Alles, bin nur es.«

Der Selbstverzicht ist hier zur Selbstaufhebung als Vergöttlichung geworden. Damit aber kehrt die bisherige Absichts-Richtung sich um. Wenn es dem Menschen um Vergöttlichung geht, geht es ihm dann noch darum, sich zu gewinnen? Geht es ihm

[12] F. M. Dostojewskij, Die Dämonen, Erster Teil, Kap. III (Fremde Sünden), VIII (München 1969 [E. K. Rahsin] 154f.).
[13] K. Rosenkranz, Hegels Leben, Berlin 1844 (Nachdr. Darmstadt 1969), 78–80, 78.

nicht eigentlich darum, sich loszuwerden? Will Kiriloff tatsächlich Gott sein oder will er nicht bloß seine Angst und sein Leiden an dieser Angst, die ihn beschämen, töten? – Der Mensch auf der Flucht vor sich selbst, von sich weg: in einen gewählten »Stil«, in Rollen, in soziales, politisches Engagement, in die sexuelle oder/und religiöse Ekstase, dies ist das Thema etwa der großen Gesellschaftsromane Aldous Huxleys. Selbstverzicht radikalisiert sich zur Selbstverleugnung.

Selbstverleugnung?

1. Die erste Gestalt solcher Ich-Flucht, auf die wir hier eingehen wollen, gehört für den oberflächlichen Blick noch nicht in den Horizont einer religionsphilosophischen Überlegung. Immerhin ist sie nicht weniger als durch das Wort ›inszenieren‹ auch durch solche wie ›zelebrieren‹ und ›Kult‹ zu beschreiben. – Damit sollen jetzt nicht die einigermaßen unkomplizierten »Riten« gemeint sein, mit denen etwa ein Thomas Buddenbrook es versucht, durch peinliche Sauberkeit seiner zunehmenden inneren Schwäche zu begegnen. Gemeint ist eher eine Existenz wie Oscar Wildes Vorbild Jean Des Esseintes, dessen Programm in der Tat kaum prägnanter formuliert werden kann als durch den Titel, den Joris-Karl Huysmans seinem Roman gab: A rebours. Gegen den Strich.

Es geht um einen Willen zum Stil, wie ihn in lehrreicher Übertriebenheit der »Snob« (im verbreiteten negativen Wortsinn) verkörpert. Insofern dieser im »Kampf ums Dabeisein« freilich den Unterschied von Dabeisein und Sein verwischt, verletzt er gerade den Stil; klarer zeigt sich das Gemeinte im Dandy. Wenn Friedrich Sieburg schreibt, Oscar Wilde habe den Snobismus [besser: das Dandytum] »bis zur Selbstvernichtung gesteigert« [14], mag deutlich werden, worum es jetzt geht.

Gert Hofmann stellt als die vom Snob nur nachgeäffte Wahrheit den Gesellschaftsmenschen, »l'homme du monde«, heraus:

[14] W. M. Thackeray u.a., Über den Snob, München 1962, 100.

»Vielleicht sollten wir ihn uns als einen Menschen vorstellen, der sein Leben einer Art Ordensregel unterwirft. Am Tag seines Eintritts in die ›Gesellschaft‹ gibt er ihr seine Freiheit hin. Er nimmt dafür ein Daseinsschema entgegen, in dem er sich bis zu seinem Tode geborgen fühlen wird ... Was man heute unmutig die gesellschaftlichen Verpflichtungen nennt, macht sein Leben aus ... Im Entrée gibt er mit Rock und Zylinder lächelnd seinen persönlichen Kummer ab. Denn das erste, was er hat lernen müssen, war, daß das, was ihn bewegt, nicht nach außen dringen darf. Als Folge dieser Gesichtsmuskeldisziplin stellt sich mit der Zeit ein inneres Gleichgewicht her. Der Ritus von Teetrinken und Konversieren schützt ihn gegen jeden Schicksalsschlag ... Der Mann von Welt ist nicht von dieser Welt.«[15]

2. Indes scheint der Gesellschaftsmensch inzwischen weithin ausgestorben (im Unterschied zu den Snobs verschiedener Art, offenbar einer bleibenden Spezies des homo socialis). Das Wort ›Gesellschaft‹ zielt heute zumeist auf anderes: An die Stelle der Flucht in den Stil tritt die Flucht in das Engagement.

»Der einzelne ist nichts, das Volk ist alles,« lautete eine Parole, die in Deutschland zündete[16]. Die Auffang- und Bergungsfunktion religiöser wie politischer Sekten (die darum von ihren Mitgliedern tatsächlich »alles fordern« können) ist bekannt. Der Mensch opfert eben nicht nur, »um auch etwas von seinem Opfer zu haben«. Hat er das dafür vorausgesetzte ungebrochene Verhältnis zu sich verloren, mag es ihm schließlich nur noch darum gehen, daß er sich von irgendjemand ab-genommen werde.

So tritt an die Stelle des Seins die Aktivität. Wie das Wort »opfern« sich von »operari« herleitet, so läßt das neue Programm sich am besten durch die berühmte Maxime Thomas Carlyles

---

[15] Ebd. 113ff. Vgl. H. v. Hofmannsthal, Der Schwierige.

[16] Eine französische Stimme: P. H. Simon, Die Väter haben grüne Trauben gegessen ... Roman, Frankfurt/M. ²1974, 22: »Ich frage mich oft, ob nicht ein Hauptgrund für die immer wiederkehrenden Völkerkatastrophen darin zu suchen sei, daß mancher einzelne im geheimen den Wunsch nach einer Flucht aus seinen persönlichen Schwierigkeiten hegt ... Der alles zerschlagende Krieg gibt oft recht summarische und gewalttätige Lösungen der Lebensfragen, die auf herkömmliche Weise nicht mehr zu meistern sind.«

charakterisieren: »Arbeiten und nicht verzweifeln.« »Im Grunde genommen ist alle echte Arbeit Religion, und jede Religion, die nicht Arbeit ist, kann gehen und unter den Brahminen, Antinomiern, tanzenden Derwischen, oder wo sie will, wohnen.« [17]

Doch gerät diese Religion der Arbeit in ein ähnliches Dilemma wie zuvor die Konzeption des Darlehens an Gott. – Nicht mit Unrecht hat man gesagt, Carlyles Parole sei selbst schon eine der Verzweiflung: »Das letzte Evangelium in dieser Welt ist: Kenne deine Arbeit und tu sie. ›Kenne dich selbst‹, – lange genug hat dieses dein armes ›Selbst‹ dich gequält, und du wirst, wie ich glaube, es niemals kennen lernen ... Wisse vielmehr, woran du arbeiten kannst, und arbeite daran wie Herkules! Das ist jedenfalls das bessere System.« [18]

Das Dilemma liegt darin, daß – wie zuvor ein Darlehen keinen Wesensgewinn bringen konnte – hier das »arme Selbst« durch Aktionen nicht aus sich hinauskommt. Operari sequitur esse = das Handeln folgt aus dem Sein: das Ich ist es, das handelt; darum findet es in seinen Aktivitäten (und deren »Stil«) immer wieder sich selbst. – So bietet sich als letzter Ausweg schließlich jener, den Carlyle mit den »tanzenden Derwischen« ansprach: der Rausch, die Ekstase.

3. Der islamische Mystiker al-Dschunaid (gest. 910) soll geäußert haben: »Ich habe viele Bücher gelesen, habe aber niemals etwas so Lehrreiches gefunden wie diesen Vers: Ich fragte: ›Wo ist meine Sünde?‹ / Da gab mir eine Stimme Antwort: / ›Sünde ist, daß du da bist –/ Eine schwerere gibt es nicht.‹« [19]

Wie als Echo dessen notiert Simone Weil (im Anschluß an die letzten Worte von Racines Phädra): »Daß ich verschwände, und diese Dinge, die ich sehe, würden – weil sie aufhörten, Dinge

[17] Th. Carlyle, Arbeiten und nicht verzweifeln. Auszüge aus seinen Werken, Düsseldorf–Leipzig 1902, 14.

[18] Ebd. 8. J. Pieper, Muße und Kult, München 1955, 82, zitiert aus Baudelaires Tagebuch die Offenlegung des bei Carlyle verborgenen Fazits: »Man muß arbeiten, wenn schon nicht aus Geschmack daran, so aus Verzweiflung. Denn, alles auf eine letzte Wahrheit gebracht: die Arbeit ist weniger langweilig als das Vergnügen.«

[19] T. Andrae, Islamische Mystiker, Stuttgart 1960, 146.

zu sein, die ich sehe – vollkommen schön! ... Wenn ich irgendwo bin, beflecke ich das Schweigen des Himmels und der Erde durch mein Atmen und das Schlagen meines Herzens.«[20]

Erlösung – um die es in aller Religion geht – hieße dann: Erlösung vom Ich, Todesschlaf des Bewußtseins. Und dessen »angeldliche« Vorausgewähr wären der (traumlose) Schlaf[21] und das Selbstvergessen im Rausch[22]. Weniger subtil als in fernöstlichen »Wegen« zeigt sich diese Sicht in den westlichen Suchtformen des Alkoholismus, der Schlafmittel- und Drogenabhängigkeit wie der sexuellen Promiskuität[23].

Doch wenn das Ich aus der Bewußtlosigkeit erwacht, muß es nach wie vor feststellen, daß es »zu *sich* gekommen« ist. Und von daher wird nun fraglich, ob es überhaupt – sei's auch vorübergehend – wirklich »außer sich« gewesen sei. In der Tat: kann man sich in Wahrheit verlassen, wenn man sich nicht auf jemanden (hin) verläßt? Kann das Ich sich *vergessen*, solange ihm darum zu tun ist, *sich* zu vergessen?

Selbstverleugnung in allen Formen, von der Flucht in den Stil bis zu der in den Rausch, scheitert unvermeidlich an ihrem Selbstwiderspruch; gilt hier doch ebenso wie sonst, daß das Verleugnete sich eben nicht verleugnen läßt. – So wie das Ich sich nicht gewinnen konnte, solange es ihm um seinen Selbstgewinn ging, so kann es sich nicht verlieren, solange es ihm darum geht, sich loszuwerden.

Beides, und beides zugleich und in einem, glückt erst, genauer: ist schon geglückt, sobald es dem Ich nicht mehr um sich geht.

[20] S. Weil, Schwerkraft und Gnade, München 1952, 112.

[21] G. Lanczkowski in: RGG³ V 1418f (zum Tiefschlaf in den Upanishaden und im Buddhismus). Vgl. M. Eliade, Yoga. Unsterblichkeit und Freiheit, Zürich 1960, 131f.

[22] Eliade 346ff; 256f; 268f.

[23] Vgl. Ch. Baudelaire, Intime Tagebücher, Bern 1952 (Piepers Zitat [v. Anm. 18] hier auf S. 24), 32: »Was ist eigentlich die Liebe? Das Bedürfnis, aus sich herauszugehen. Der Mensch ist ein anbetendes Tier. Anbeten ist soviel wie sich opfern und preisgeben. Somit ist auch alle Liebe Preisgabe.« 39: »...das Bedürfnis, sein Ich in der Äußerlichkeit des Fleisches zu vergessen, dem der Mensch den vornehmen Namen Bedürfnis zu lieben gibt.«

Darauf zielt die Überschrift dieses Kapitels: nicht Sich-Verges-sen-*wollen*, sondern Selbstvergessen, Selbstvergessenheit.

Selbstvergessenheit

1. Leben ist Vollzug, und Vollzug braucht sein Ziel. Was will nun das Wollen? Im Unterschied zum Drang und Trieb, die auf ihre Sättigung, also ihre Aufhebung drängen, geht es bewußtem Wollen stets – zumindest auch – um sich selbst. Das ist mit der »Doppel-Struktur« von Bewußtsein und Freiheit gegeben. So kann man beispielsweise zwar *wahrnehmen*, ohne dies Wahr-nehmen seinerseits wahrzunehmen; aber man *weiß* nur dort wirklich, was man weiß, wo man nicht nur das Was weiß, son-dern auch, *daß* man dies weiß. Wahres Wissen weiß also nicht nur das Gewußte, sondern stets auch *sich*. Ebenso will wissendes Wollen nicht nur das jeweils Gewollte, sondern immer auch dies Wollen des Gewollten selbst, also *sich* selbst.

An dieser wesenhaften Zweidimensionalität des Selbstvoll-zugs scheitern Selbstverzicht und Selbstverleugnung. Der Selbstverzicht, insofern er den Willen zu sich selbst verabsolu-tiert und dabei die »intentionale Struktur« von Wille und Ich vergißt, das heißt, jene »ontologische Selbstlosigkeit«, aufgrund deren der Wille nicht einfach sich will, sondern sich insofern, als er anderes will: Das Ja des Ichs bejaht nicht einfach sich als solches, sondern das oder den, den es bejaht, und sich nur als *diese* Bejahung. Dabei hängt der Ernst des Ja zu sich selbst an dem Ernst des Ja zu dem bejahten *Anderen* [24]. – Anders gesagt: ist das Selbst Transzendenz, Selbstüberstieg, dann kann es nicht durch bloß scheinbaren oder nur vorläufigen Überstieg zu sich finden bzw. es kann, wenn es sich selbst zum Ziel nimmt, sich nicht übersteigen.

Ebenso scheitert die Selbstverleugnung. Denn auch ein Wol-len, das sich aufheben wollte, wollte eben dies und damit sich

---

[24] So hängt der Ernst einer Urteilsbehauptung nicht an der Emphase ihres Behauptetwerdens als solchen, sondern am Ernst der Behauptung des Urteils*inhalts*. Also nicht: »*Ich behaupte* es!«, sondern: »*Es ist* so!«

selbst. Das Nein verneint zwar, was es verneint; sich selbst, die Verneinung, aber muß es eben darin bejahen.

Angesichts dieser Situation predigt Buddha den Tod von Ich und Wollen; nicht das Absterben und die Negation – das wären ja noch Aktivitäten –, sondern die absolute Enthaltung, vollständiges Selbsterlöschen. Es geht nicht um den Tod, sondern darum, die Geburt rückgängig zu machen.

Lassen wir offen, ob das durchführbar sei (immerhin muß das Selbst sich auch dazu erst einmal entschließen; auch das rückhaltlose Ersterben muß erst *gewollt* – und dieses Wollen zureichend gerechtfertigt werden)[25]. Hier mag es genügen, diesen konsequentesten Lösungsversuch als Alternative (soll man sagen: als »Grenzbegriff«?) genannt zu haben. Denn im ganzen Buch wird, tradiert »abendländisch«, vorausgesetzt, daß es dem Selbst nicht um seine totale Ver-nichtung geht, sondern um seine Identität, religiös: um »Leben« und »Heil«.

Angesichts des Scheiterns der bisherigen Wege zeigt sich nun, daß diese Identität, als die eines Transzendierenden, nur in der Identität seines Transzendierens gegeben sein kann. Das Selbst gewinnt sich nur, im Maße es Identität mit dem Selbst*überstieg* gewinnt, der es ist.

Zuvor wurde es am Erkennen verdeutlicht. Fassen wir diesen Sachverhalt nochmals mit anderen Worten: »Bewußtes Denken weiß um seine Bezogenheit auf das, was ist, um sein Über-sich-Hinaussein, ohne das es nicht in sich wäre. Das Insichsein des Denkens ist das Insichsein seines Übersichhinausseins.« Es denkt, statt bloß sich selbst, dasjenige, was ist; es denkt des weiteren eben diese Differenz, den *Unterschied* von Denken und Bedachtem; aber es denkt auch die Wirklichkeit seines *Bezugs* auf das, was ist, – und es *ist* dieser Bezug[26]. – Nicht anders als um Denken und Erkennen steht es um das Selbst überhaupt.

Soll es also leben können, braucht das Selbst einen Sinn seines Lebens; Sinn aber besagt Richtung. Das Selbst lebt nur richtig, wenn es sich auf anderes richtet als sich.

[25] Vgl. Der Mensch in seiner Freiheit 88f.
[26] K. Hemmerle in: B. Casper/K. Hemmerle/P. Hünermann, Besinnung auf das Heilige, Freiburg 1966, 16f.

2. Wird aber so das Ich nicht im Grunde doch, wie die Eingangskritik unterstellte, als geborener Sklave bestimmt? Meint »Bestimmung des Menschen« (wodurch bezeichnenderweise Johann Gottlieb Fichte die Rede vom »Wesen des Menschen« ersetzt) als Bestimmung zu anderem nicht ein Programm der Entäußerung, ja der Entfremdung?

Das religiöse Bewußtsein antwortet diesem Verdacht, indem es der Rede von Entfremdung und Enteignung sein Zeugnis der *Erfüllung* gegenüberstellt.

In diesem Sinn muß etwa auch das oben angeführte Wort Dschunaids gelesen werden, wenn man, des Wortlauts ungeachtet, der Aussage-Absicht dieses Mystikers gerecht werden will: »Die Liebe«, sagt al-Dschunaid, »bedeutet, daß die Eigenschaften des Geliebten an Stelle deiner eigenen treten.«[27]

Hegel beschreibt das Gemeinte in seinen religionsphilosophischen Vorlesungen: »Liebe ist ein Unterscheiden zweier, die doch für einander schlechthin nicht unterschieden sind. Das Bewußtsein, Gefühl dieser Identität, dieses, außer mir und in dem Andern zu sein, ist die Liebe: ich habe mein Selbstbewußtsein nicht in mir, sondern im Andern ... und es ist ein leeres Reden, das Reden von Liebe, ohne zu wissen, daß sie das Unterscheiden und das Aufheben des Unterschiedes ist.«[28]

Anders gesagt, die Selbsttranszendenz des Ich ist, erstens, statt als Fortgang von sich als Offenheit und Sich-Öffnen zu denken. Damit rückt nicht bloß der »terminus ad quem«, das Ziel, in den Blick statt einer gebannten Rückschau auf den Ausgangspunkt, den »terminus a quo«; zugleich ruft, so gesehen, das »Ziel« selbst die Person nicht eigentlich aus sich – in die Fremde – hinaus, es *erfüllt* sie – im Maße sie, sich entleerend, ihm Raum gibt.

Demzufolge ist, zweitens, der/das Andere, worauf das Ich nach seiner Bestimmung sich richtet, in angemessener Dialektik zu denken. Das Ich ist gewiß nicht selber jene Wirklichkeit, die

---

[27] Andrae 147. Entwerden (fanā) wird darum zum Verbleiben (baqāʾ): »Entwerden heißt, in Gott durch Gott entwerden. Verbleiben heißt, Da-Sein mit Gott« (ebd.).

[28] G. W. F. Hegel, Die absolute Religion (Lasson 1929), Hamburg 1966, 75 (Jub.-Ausg. 16, 227).

es erfüllt, es ist nicht sein Glück; es ist ein anderes als dieses. Doch diese Wirklichkeit, als erfüllend, ist nicht eigentlich ein anderes als es. Sie ist, wie Nikolaus von Kues gesagt hat, zu ihm das *Nicht-Andere*. Und nur solchem Nicht-Anderen gegenüber kann das Ich sich wirklich vergessen; nur von ihm erfüllt, lebt es jenseits von Verzicht und Verleugnung.

3. Nochmals indes: ist solches Jenseits von Verzicht und Verleugnung in jedem Fall schon Erfüllung, könnte es nicht, unter deren Anschein, bloß *Verlorenheit* sein? Das Ereignis beglückender Sinnerfahrung ist freilich fraglos; aber ist Fraglosigkeit schon eine hinreichende Gewähr für Erfahrung von Sinn? Wie unterscheidet man die jetzt bedachte Erfüllung von den zuvor abgewiesenen Formen vergöttlichender Selbstaufhebung und ekstatischen Rausches?

Identität, besser: Ganzheit, also Rechtfertigung, Stimmigkeit, Heil sind die Worte, mit denen unterschiedliche Traditionen seit je dieser Frage zu entsprechen versuchen. Sie berufen sich also darauf, daß in der gültigen Erfahrung die gegensätzlichen Absichten auf Selbstgewinn und Selbstverlust, obzwar, oder vielmehr: gerade weil sie gar nicht mehr beabsichtigt sind, zugleich und in einem ihre Erfüllung erreichen.

Wahre Fraglosigkeit braucht darum keine Frage zu scheuen. Allerdings mutet sie dem Fragenden zu, sich von einem Kriteriendenken zu lösen, das nur Spiegel seiner angstvollen Selbstverhaftetheit ist. – Ignatius von Loyola in seinem Exerzitienbuch nennt als Kennzeichen dafür, daß das Ich in seine Wahrheit gelangt ist, den »Trost« und meint damit »jeglichen Zuwachs an Hoffnung, Glaube und Liebe und jede innerliche Freude« (Nr. 316). Zwar schließt Liebe Zeiten der Dürre und fehlender Freude nicht aus; aber umgekehrt – dies der entscheidende Hinweis – gibt es wahre Freude nur durch sie (Nr. 329). Wahr aber ist die Freude, wenn sie zum Guten beschwingt (Nr. 331), und dies nicht auf dem Weg irgendwelcher Spitzfindigkeiten (312 – man weiß im innersten schon, warum man auf sie verfällt), sondern auch in der *Einfalt* des Guten.

Die Angst um sich wie die vor sich, beides also wird ausgetrieben von einer Liebe (1 Joh 4, 18), die – selbstvergessen – in und aus der Gegenwart der geliebten Wirklichkeit lebt, die also »entzückt«, das heißt: herausgerissen, ist (die Umgangssprache sagt es präzise mit dem Ausruf: »ich bin ganz weg«).

Brechen wir hier diese kleine Phänomenologie der Selbstvergessenheit ab. Es dürfte klar geworden sein, daß man sie prinzipiell nicht suchen kann: man muß sie finden, oder besser: *es* muß sich finden, daß man dazu gelangt; noch genauer: man muß seinerseits gefunden werden: ein Autor von seinem Thema, ein Pädagoge oder Politiker von seinem Auftrag, ein Prophet von seiner Sendung, der Mensch von seinem Geschick.

Wie immer man es jeweils ausdrückt, mit all dem wird ein Anspruch gemeint, der an das Selbst ergeht, eine Wirklichkeit, die es (in jedem Sinn des Wortes) anspricht und angeht, die es trifft und betrifft.

Wahre Suche ist darum nach der Lehre der Meister stets schon Zeichen des Gefundenhabens als Gefundenseins[29]. – Was nun sucht diese Suche? Klarheit über sich, und das heißt: über jene Wirklichkeit, die sie angeht. Wie kann man diese Klarheit erhalten? Zuletzt durch jenes Offenbarwerden der Wahrheit, angesichts dessen die Geschichte der Freiheit ihr Ende erreicht hat: »Gott sehen heißt sterben« (Ex 33,20). Doch solches Ende hat seinen Anfang *in* der Geschichte. Hier wird Klarheit dadurch erreicht, daß der Mensch auf Selbstvergessenheit trifft, in deren Freiheit er eintreten kann.

Solche Freiheit begegnet im Kunstwerk. »Was daher beim Auffassen des Kunstwerks gefordert wird, ist nicht nur ein Sehen oder Hören, wie bei den Gegenständen der Umgebung sonst; gar ein Genießen und Sich-Vergnügen, wie bei irgendeiner Erfreulichkeit. Das Kunstwerk öffnet vielmehr einen Raum, in welchen der Mensch eintreten [kann] … Er kommt in einen

---

[29] Z.B.B. Pascal, Pensées (Brunschvicg) 553, 555. In der christlichen Spiritualität hat man immer wieder Texte wie Mt 6,33 von der Suche nach dem Gottesreich etwa mit Offb 3,20 vom vor der Türe wartenden Heil zusammengestellt. Von der Weisheit heißt es Weish 6,13f: »Den Verlangenden schon gibt sie sich rasch im voraus zu erkennen. Wer früh sich aufmacht nach ihr, braucht sich nicht abzumühen; denn er findet sie an seiner Türe sitzend.«

anderen Zustand. Die Verschlossenheit, welche sein Wesen umgibt, lockert sich ...«[30]

Ebenso öffnet solcher Raum sich in Menschen, die frei von sich geworden sind und so ganz präsent sein können: Dostojewskij hat solche Gestalten in Fürst Myschkin und Staretz Sosima geschaffen; Franz von Assisi ist für viele das Inbild solcher Gelöstheit, andere werden auf Gautama Buddha hinweisen oder etwa auf Sri Aurobindo.

Wie weit aber reicht hier jeweils die eröffnete und die eröffnende Freiheit? In welchem Maß und welcher Unverstelltheit findet die ganze Wirklichkeit in Leid und Freude, Schuld und Hoffnung, das Allgemeine wie das Geheimnis des Einzelnen in ihr Platz? – Der Christ trägt seinen Namen, weil er das endgültige Gefundensein des Menschen und die ihm darin gebotene Freiheit (die »Macht, Kind Gottes zu werden« – Joh 1,12) in der Berufung auf Jesus Christus bezeugt.

[30] R. Guardini, Über das Wesen des Kunstwerks, Stuttgart/Tübingen [3]1950, 34; vgl. J. Splett, Wagnis der Freude. Meditationen zu Worten der Schrift und Zeichen der Kunst, [2]Frankfurt/M. 1975.

5. BILDUNG ALS DIENST

Hat sich als Gipfel- und Zielpunkt der erfragten Menschlichkeit erfülltes Selbstvergessen gezeigt, dann sieht man sich zu der Frage genötigt, inwiefern solches Menschsein als Lernziel benannt werden könne.

In der Tat, wenn Lernen die Eingewöhnung in Verhaltensmuster, das »Konditioniertwerden« zu bestimmten Handlungen, also Dressur besagt, dann läßt Menschlichkeit sich nicht lernen [1]. Ebensowenig, wenn man Lernen als das Sammeln von Erfahrungen durch Versuch und Irrtum versteht. Denn derlei bezieht sich auf Mittel und Wege, nicht auf den Zielsinn. Nicht einmal Lernen aus Einsicht reicht zu, da das Rechte erkennen keineswegs heißt, es auch wollen, geschweige denn, es wirklich tun.

Gemeinsam ist diesen drei Konzeptionen, daß sie Lernen als Aneignung sehen, sei es »material«: von Wissensstoff und Bildungsgütern, sei es »formal«: von Fertigkeiten. Um Aneignung

---

[1] Immerhin wäre schon hierzu der Rat Blaise Pascals zu erwägen, den er in seinem berühmten Wett-Vorschlag gibt (was er vom Glauben sagt, läßt sich unschwer auf die Menschlichkeit übertragen; in etwa tut es Pascal am Schluß dieser Abhandlung selbst): »Sie wollen zum Glauben kommen, und Sie kennen den Weg dahin nicht ... Lernen Sie von denen, die gebunden waren wie Sie ... Folgen Sie der Weise, in der jene begonnen haben: indem sie in allem so handelten, als ob sie glaubten, indem sie Weihwasser nahmen, Messen lesen ließen usw.« (Pensées, Brunschvicg Nr. 233; der deutsche Text nach W. Rüttenauer, B. Pascal, Gedanken, Wiesbaden 1947, 44). Damit dürfte mehr gemeint sein als der sonst wiederholt notierte Gedanke (z.B. Nr. 252, 92), daß wir ebenso Automat wie Geist seien und die Gewohnheit so viele Christen mache wie Türken. Freilich wird der Wille zum Glauben (zur Wirklichkeit) hier bereits vorausgesetzt, und wenn dieser Wille aufrichtig ist, dann ist er tatsächlich schon selbstlos, das heißt, wie oben S. 94 erwogen, eben sein Suchen bezeugt, daß er nicht mehr verloren ist.

indes kann es gerade dort nicht gehen, wo das Absehen vom Eigenen, ja das Vergessen, Selbstvergessenheit »gelernt« werden soll. Doch kann man an allen drei Weisen des Lernens auch einen anderen Aspekt erheben: hier bleibt die Frage der Aneignung außer Betracht, im Blick steht einzig die Sorge des Lernenden, zu entsprechen [2].

In diesem Sinn wollen die Reflexionen des vorliegenden Buchs das Lernen wie sein Ziel verstehen. Und dementsprechend soll dieses Kapitel den Ertrag des vorhergehenden in einer Erörterung von Begriff und Wesen humaner »Bildung« bewähren. Es muß deutlich zu machen versuchen, daß die Rede von glücklichem Sich-Vergessen nicht Weltflucht und Weltlosigkeit, nicht den Tod der Verhältnislosigkeit propagiert, sondern wirklich den Menschen in seinen Lebensbezügen, in Welt und Mit-Welt meint.

Fragen wir also nach dem Gesagten erneut: Was ist – was sei Bildung?

Man hat geistvoll bemerkt, danach frage kein gebildeter Mensch. Vielleicht im Gedanken an die gefüllten Bücherregale zu dieser Frage, in einer Wortgeschichte von Meister Eckhart, einer Begriffsgeschichte von der griechischen Antike an, die beispielsweise im Historischen Wörterbuch der Philosophie von Joachim Ritter fast 17 Spalten beansprucht [3] und die heute offenbar nur dort noch Gehalt zeigt, wo sie in psychologische und

---

[2] Th. Ballauff, Systematische Pädagogik, Heidelberg 1962, 102: »Lernen heißt: unser Tun und Lassen zu dem in Entsprechung bringen, was sich jeweils an Wesentlichem uns zuspricht. Im Lernen werden wir auf den Weg gebracht. Gilt es, ›das Denken‹ zu lernen [mit Hinweis auf M. Heidegger, Was heißt Denken?], so gilt es, ihm zu entsprechen als dem, was heute an der Zeit ist. Das bringt zugleich ein ›Verlernen‹ mit sich, nämlich des Wollens und Sollens, des Aneignens und Habens ... Sprechen wir vom ›Denken‹, so nennen wir den Weg des Menschen, den er zu gehen hat. Wir nennen Zuspruch und Eröffnung, entsprechendes Reden und Tun, Hören und Ans-Werk-Gehen. In solchem Lernen erlernt der Mensch seine Menschlichkeit und verlernt sich als Persönlichkeit.«
[3] Bd. 1, Darmstadt 1971, 921–937 (E. Lichtenstein). Siehe auch Th. Ballauff/K. Schaller, Pädagogik. Eine Geschichte der Bildung und Erziehung I–III, Freiburg–München 1969–1973.

soziologische Einzelforschung sowie in konkrete pädagogisch-politische Auseinandersetzungen mündet.

Man könnte den Einwurf auch »privatgeschichtlich« verstehen, im Sinn einer Notiz Heimito von Doderers: »Bildung wird etwa heißen ... in eine Gesellschaft tretend, auf den meisten der besetzten Stühle schon einmal gesessen zu sein, so daß man fast mit dem körperlichen Auge die Globen der Befangenheiten einander berühren und sich schneiden und durchdringen sieht!«[4]

Darauf ließe sich manches erwidern, in Zustimmung und Widerspruch zugleich. Denn eingestandenermaßen entzündet sich hier die Diskussion einer zentralen Perspektive von Bildung überhaupt und nochmals von Erwachsenenbildung im besonderen, nämlich jener Sicht und Absicht, die statt auf gezielte Informationsvermittlung und Lieferung praktikabler Nachträge zum Schulwissen auf etwas aus ist, was man früher Allgemeinbildung nannte (und damit keineswegs bloß Wissens-, gar Zitatenschätze meinte), was man heute aber höchstens selbstironisch vielseitige Unbildung zu nennen wagt. Will sagen: »jedermann empfiehlt heute ein Studium, das über die Grenzen der einzelnen Disziplinen hinausgeht, doch in Wirklichkeit wird einer, der diesen Gedanken zu ernst nimmt, gern als Dilettant bezeichnet.«[5]

Doch nicht immer ist Replik das Klügste. Es gibt Sätze, die zu schön sind, um nur diskutiert zu werden. Fruchtbarer ist es, sie zu meditieren. Bildung sei, worüber einer, der sie hat, nicht spreche: das ist zwar wahrlich keine hinreichende Bestimmung, könnte jedoch eine manches erhellende erste Antwort auf unsere Frage bedeuten.

Bildung – wesenlos?

1. Zunächst drängt sich wohl die Parallele zu einem ähnlichen, jedenfalls früher geltenden Satz über das Geld auf. Auch damit

[4] Repertorium. Ein Begreifbuch von höheren und niedern Lebens-Sachen, München 1969, 38f.

[5] D. Callahan, in: D. Peerman (Hrsg.), Theologie im Umbruch, München 1968, 171. Doderer spricht von dem »Unterschied zwischen allgemeiner, ausgebreiteter Bildung, also Halbbildung, und wirklicher Bildung – Kenntnis und wirksamer Gebrauch der Heilsmittel« (Tangenten. Tagebuch eines Schriftstellers 1940–1950, München 1964, 669).

dürften wir eine keineswegs nebensächliche Perspektive gefaßt haben. Sie zu entfalten, entspricht nicht dem Thema; doch ein Hinweis auf die Zusammenhänge von Bildung, Reichtum und Elitebildung, die prekären Wechsel-Bezüge von Bildung, »freien Künsten«, Muße und »knechtischer Arbeit« gehörte durchaus in den Rahmen dessen, was wir hier zu überdenken haben. Josef Pieper hat dazu vor Jahren klargestellt, daß die Absage an den griechischen Klassenunterschied zwischen den freien Gebildeten, eigentlich den Philosophen, und dem unfreien Banausen [6] jedenfalls nicht durch allgemeine Proletarisierung, durch Einführung des Arbeiterbegriffs für alle, gelingen kann [7]. Tatsächlich sind wir ja heute, zumindest hierzulande, einer Situation näher als je, in der nicht bloß für Eliten jene Frage dringlich wird, die Aristoteles im Pädagogik-Abschnitt seiner »Politik« als Haupt- und Zielpunkt bezeichnet: »mit welcher Tätigkeit man die Muße auszufüllen habe« [8].

Wie viele weitere Fragen hier, erst recht im Weltmaßstab, anstehen, ist bekannt. Doch wurde die alte ethische Unterscheidung zwischen Dringlichkeit und Rang einer Aufgabe immerhin nicht zuletzt durch neomarxistische Proteste gegen die Herrschaft instrumenteller Vernunft und Eindimensionalität erneut bekräftigt. Jedenfalls kämen wir hiermit wiederum aus der philosophischen Grund-Perspektive in die praktische Theorie, die vielleicht dringlicher, vielleicht auch gar nicht minderen Ranges ist, aber nicht unsere Vor(läufige)-Frage.

2. Zu ihr zurücklenkend, sei jetzt ein radikaleres Verständnis unseres Anstoß-Satzes zur Erwägung vorgeschlagen. Danach wäre Bildung jenes, wovon man aus dem Grund nicht spricht,

---

[6] Platon, Theatet 175 d f.

[7] Muße und Kult, München ²1955, 63–76.

[8] 8,3 (1337b). Vgl. die Fortsetzung (in etwas raffender Übersetzung): »Doch wohl nicht mit Spielen; denn dann wäre (Kinder-)Spiel der Zweck unseres Daseins … Gehört aber Spiel eher zur Arbeit, denn der Müde braucht Erholung, Arbeit aber ist anstrengende Mühe, dann ist Spiel wie Medizin zu gebrauchen, Muße aber ist Glück in sich … Und so leuchtet ein, daß man auch für die Muße lernen und erzogen werden muß, und daß solche Erziehung ihrer selbst wegen da ist, während das für die Arbeit zu Lernende der Notdurft dient, Mittel zum Zweck.«

wenn man es hat, weil man dann nicht mehr *weiß*, was man hat. (Und würde daraus gar folgen, daß man dann auch nicht mehr wüßte, *daß* man sie hat?)

Um dieser (Hypo-)These den Anschein des Verspielten und gesuchter Paradoxalität zu nehmen, sollen sie zunächst drei willkürlich gewählte Beispiele erläutern. – Nummer 1 sei das erstgenannte Doderer-Zitat: Wo und wie findet man als Gebildeter seinen Platz, da man doch nicht die ganze Zeit »u-topisch« stehen oder gehen kann, wenn Bildung heißen soll, auf den Stühlen schon und nur gesessen zu *haben*? Beispiel Nummer 2: Was gibt es zu denken, daß man über einen Menschen ein ganzes Dossier zu erstellen vermag, aber je länger und besser man ihn kennt, desto weniger über ihn aus-sagen kann? Nummer 3 – eine Lehre der geistlichen Tradition –: Richtig bete erst, wer nicht mehr wisse, daß er betet.

Philosophischerseits sind wir damit in den Streit Hegels gegen Kant und Fichte hinsichtlich Moralität bzw. Sittlichkeit geraten. – Indem wir so von den Beispielen zur systematischen Erörterung kommen, lassen wir für ein Wegstück das *Wort* Bildung beiseite; daß es gleichwohl weiter um die *Sache* gehe, wenn jetzt von Moral und Sittlichkeit die Rede ist, bleibt hoffentlich zwanglos deutlich.

Die Moralität bemüht sich nach Hegel »um eine Harmonie, welche die eigne des tuenden Selbsts ist; das Bewußtsein hat sie daher selbst zustande zu bringen, und in der Moralität immer Fortschritte zu machen.«[9] – Hegels Protest richtet sich gegen die Unabschließbarkeit, ja Widersprüchlichkeit dieses Entwurfs: »Die Vollendung derselben [der Moralität] aber ist ins unendliche hinauszuschieben; denn wenn sie wirklich einträte, so höbe sie das moralische Bewußtsein auf« (ebd.). Moralisches Bewußtsein ist ja Sollensbewußtsein, also Bewußtsein von noch Ausstehendem, erst Zu-Leistendem. »In der Harmonie aber verschwindet die Moralität als Bewußtsein oder ihre Wirklichkeit, wie in dem moralischen Bewußtsein oder der Wirklichkeit ihre Harmonie verschwindet« (ebd.).

[9] Phänomenologie des Geistes, Hamburg [6]1952 (J. Hoffmeister) 428 (Jub.-Ausg. 2, 465).

Hegel kritisiert, auch in Fortsetzung seiner Analyse des Gewissens und der »schönen Seele«, nicht das Sollen als solches. (Wie anders sonst wollte man – im Unterschied zu deskriptiver Ethologie – eine Ethik entwerfen! Und selbstverständlich soll Bildung sein.) Er moniert vielmehr die leere Allgemeinheit bzw. – dies ist nur deren Kehrseite – die kommunikationsunfähige Individualität eines solchen Sollens. Seine Kritik gilt dem Mangel an konkret-geschichtlicher Vermittlung [10]. – Die Sittlichkeit, darein die Moralität sich ihm zufolge aufzuheben hat, definiert er als das »lebendige Gute, das in dem Selbstbewußtsein sein Wissen, Wollen und durch dessen Handeln seine Wirklichkeit [besitzt], so wie dieses [Handeln] an dem sittlichen Sein seine an und für sich seiende Grundlage und bewegenden Zweck hat.« [11]

Wirklichkeit und Bewußtsein sind also miteinander vermittelt: aber sie sind es ausdrücklich *im* Bewußtsein. Wie am Ende der großen Bildungsromane der Held, um Erfahrungen reicher, aus der Welt heimkehrt, so das absolute Bewußtsein von der »Schädelstätte des Geistes«. In diesem Punkt ist sich Hegel mit seinen Gegnern offenbar einig. – Gerade hier aber setzt nun der Widerspruch Schelers gegen die formale Ethik an.

Wie Hegel wendet Max Scheler in seinem Hauptwerk sich gegen eine Konzeption puren Pflicht-Sollens, wonach dessen Erfüllung nicht mehr sittlich wäre [12]; doch kritisiert er nicht bloß an Hegel seinerseits dessen »Rechtfertigung des Historischen« (218) und die Bindung der Sittlichkeit an den Gesamt-Logos über den Einzelnen hinweg (556); vor allem wird in seiner Kant-Kritik thematisch, was bei Hegel letztlich unthematisch bleiben mußte: der Pharisäismus.

Die Erfüllung der Moral durch ihre Aufhebung bedachte Hegel wesentlich auf die Sittlichkeit hin. Zwar hat er zuvor, wie

---

[10] Vgl. O. Marquard, Hegel und das Sollen, jetzt in: ders., Schwierigkeiten mit der Geschichtsphilosophie. Aufsätze, Frankfurt/M. 1973, 37–51 (153–167), 45f.
[11] Grundlinien der Philosophie des Rechts, § 142.
[12] Der Formalismus in der Ethik (oben S. 27, Anm. 13) 194.

gesagt, unter den Stichworten »Gewissen«, »Schöne Seele«, noch
eine andere Selbstaufhebung analysiert: die (vermeintliche) Erfüllung des Moralischen im Moralischen selbst, und hier hat er
die Gehaltlosigkeit und Wirklichkeitsscheu des »guten Gewissens« bzw. den verderblichen Eigensinn des »Überzeugungstä-
ters« bemängelt. Doch erst Scheler geht *prinzipiell* die Frage der
Bewußtheit im Sittlichen an:

Ist Tugend, Rechtsein, ein Wissen: richtiges Wissen, und
demzufolge zuhöchst Wissen der Richtigkeit des Wissens, also
Selbstbewußtsein? Diese These, von Sokrates bis zu Hegel und
seinen (auch linken) Schülern in Geltung, wird jetzt in Frage gestellt.

Zunächst, allgemein und grundsätzlich genommen, betont
Scheler, daß es keine objektiven Kennzeichen gibt, aufgrund deren man Sittlichkeit feststellen kann (37): »Der Satz Jesu: ›Niemand ist gut außer Gott allein‹ [Mk 10, 18] (sc. zu dessen Wesen
die Güte gehört) scheint nur den Sinn zu haben, diesen Tatbe-
stand gegen die ›Guten und Gerechten‹ zu erhärten. Er will nicht
sagen, daß niemand gut sei in dem Sinne: es könne niemand
Eigenschaften haben, die gute Eigenschaften sind. Er will nur
sagen, daß ›gut‹ selbst nie in der begrifflich angebbaren Eigen-
schaft eines Menschen bestehe – wie dies alle jene anzunehmen
schienen, die die Guten und Bösen wie Böcke und Lämmer nach
angebbaren realen, der Vorstellungssphäre angehörigen Merk-
malen sondern wollten, was gewissermaßen die ewige kategori-
ale Form des Pharisäismus ausmacht.«

Im Mangel eindeutiger Kriterien aber zeigt sich nur *eine* Folge
der Transzendentalität des Sittlichen. Wichtiger ist Scheler dessen Unanstrebbarkeit. »Es ist aber gerade das Gewolltsein sogar
die einzige Art, in der personaler Eigen- wie Fremdwert niemals
realisiert werden, ja nicht einmal zur Gegebenheit kommen
kann« (457).

Der Bezug zu Aufmerksamkeit und Absicht bietet für Scheler
geradezu einen Maßstab zur Rangordnung von Gefühlen und
Werten (338f): Sinnliche Gefühle werden durch Zuwendung
der Aufmerksamkeit nicht geschädigt, vitale werden gestört,

rein seelische »zergehen« vor dem Strahl der Aufmerksamkeit [13].
Erst recht aber nimmt die »Herstellbarkeit« mit steigendem
Rang ab: von den Lebensgefühlen (Frische, Mattigkeit) über die
seelischen Gefühle zu den personalen Tiefengefühlen wie Seligkeit oder Verzweiflung. »So wenig gutem Wollen je ein Glücks-
gefühl als Ziel vorschweben darf – soll es ›gut‹ sein, so absolut
gewiß trägt es das Glück auf dem Rücken« (351).

Was nun für die Gefühle gilt, das gilt ursprünglicher von den
darin erfahrenen Werten. Ihre Realisierbarkeit durch Wollen
und Tun ist ihrer Höhenlage umgekehrt proportional. »Eben der
Grenzfall nach oben ist es, wenn der Personwert als der höchste
Wert von dieser unmittelbaren Realisierbarkeit durch das Wollen am meisten – nämlich absolut ausgeschlossen ist« (498).

Man hätte diesen Sachverhalt gründlich verfehlt, wenn man
daraus die Konsequenzen zöge, den personalen Wert der Sittlichkeit nicht als den höchsten anzusetzen. »Wie immer die
Nichtintention des Wollens der Person auf ihren eigenen Wert
erste Fundamentalbedingung ihres faktischen möglichen Wertes
sei, bleibt doch ihr Wert der Wert der Werte; bleibt Verherrli-
chung der Person, in letzter Linie der Person der Personen, das
heißt Gottes, der sittliche Sinn auch aller sittlichen ›Ordnung‹«
(495).

Kurz gesagt, es geht Scheler um den phänomenologischen
Aufweis des biblischen Satzes, daß sich nur gewinnt, wer sich
verliert (493, Mt 10,39; 16,25). Und dieser Satz sagt keineswegs,
daß dem Verlieren ein (Wieder-)Finden nur folgte; Gewinn gibt
es vielmehr, wie sich im vorigen Kapitel zeigte, nur *als* Verlust.

Nun bedeutet solcher Verlust gewiß nicht Geistverzicht und
Blindheit, sondern gerade Glück und Seligkeit. Dies »Wert-
wachstum« wird, wie auch Scheler sagt, erlebt (498), doch nicht
als gegenständlicher und intendierter (intendierbarer) Inhalt. Mit
einem vielzitierten Wort Lao-tses: »Wer sich selber sieht, ist
nicht erleuchtet.« [14]

---

[13] Darum mindert sich Schmerz durch Ablenkung, seelisches Leid durch
energische Objektivierung.
[14] Tao-tê-King. Das heilige Buch vom Weg und von der Tugend
(G. Debon), Stuttgart 1961, 50 (Kap. 24).

3. Damit kommen wir nun auch verbal auf das Kapitel-Thema zurück. Sittlichkeit, gar Heiligkeit (556), ist allerdings nicht einfachhin Bildung. Aber sollten hier nicht doch Wesens-Zusammenhänge bestehen? Eine Trennung von beidem ist spätestens seit dem Schock nicht mehr möglich, den das europäische »Bildungsbürgertum« durch die Erfahrung erlitt, »daß Männer, die Auschwitz ersonnen und verwaltet haben, angehalten worden sind, Shakespeare und Goethe zu lesen – und es weiterhin zu tun.« [15]

Max Müller definiert Bildung als »den Vorgang, in dem ein Mensch die eigentliche Gestalt seines Menschseins erwirbt«, bzw., statisch, als »den so erreichten Zustand« [16]. – So verstanden, ist der Bildungsbegriff zwar mit dem Schelerschen von Sittlichkeit oder Heiligkeit nicht identisch, aber sie sind andererseits auch nur »inadaequat« zu unterscheiden; das heißt, der Bildungsbegriff zeigt sich als umfassend: er fügt gleichsam zur senkrechten Koordinate die horizontale, weitet und füllt sozusagen den Pfeil zum Kegel. Demgemäß schreibt Max Müller: »Eine Theorie der Bildung ist zugleich der Entwurf einer Theorie des freien Menschseins und seiner Möglichkeiten« (386).

Der Mensch – bildlos?

1. Der Gang des Kapitels hat hiermit zu einer Wegkehre geführt, die zu Halt und Rückschau einlädt.

Bildung als allgemeine sei Negation konkreten Engagements, ob als Skepsis, als Halbbildung oder als Parasit real(istisch)er Arbeit, lautete der erste Einwand. – Wir haben darauf – gebildeterweise? – nicht direkt, »konkret« erwidert, sondern einerseits mit Gegenfragen geantwortet, andererseits die Problematik ins Grundsätzliche radikalisiert:

[15] G. Steiner, Sprache und Schweigen. Essays über Sprache, Literatur und das Unmenschliche, Frankfurt/M. 1973, 39-52 (Menschliche Bildung), 41f.
[16] Erfahrung und Geschichte. Grundzüge einer Philosophie der Freiheit als transzendentale Erfahrung, Freiburg–München 1971, 376–386 (Bildung), 376.

Bildung sei in der Tat insofern Negation konkreten Engagements, als man direkt weder sie selbst in Angriff nehmen noch ihr Dasein oder Fehlen (als Ergebnis eines solchen Unternehmens) konstatieren könne. Die Begründung für diese These haben wir schließlich dadurch erreicht, daß wir ihre Definition als »eigentliche Form des Menschseins« übernahmen.

Die Fragwürdigkeit des Redens von Bildung ist demnach Ausdruck der allenthalben denunzierten Fragwürdigkeit des Redens vom Menschen; wissenschaftskritisch gewendet, der Fraglichkeit einer Anthropologie, die philosophisch sein will[17]. Noch einmal anders: die Fraglichkeit von »Bildung« reflektiert die Fraglichkeit von »Menschenbildern«, erst recht die eines vielleicht präsentierten Bildes *des* Menschen[18].

Darauf jedenfalls zielt offensichtlich Heideggers Kritik, insofern für ihn die Anthropologie gewordene Philosophie »zu einer Beute der Abkömmlinge der Metaphysik [geworden ist], das heißt der Physik im weitesten Sinne, der die Physik des Lebens und des Menschen, die Biologie und Psychologie einschließt«[19]. Anders gesagt, der Mensch soll offenbar – in irgendeiner Weise – »festgestellt«[20] werden. Eben dies aber ist unmöglich, wenn er von Wesen Übergang ist: Das Mißbehagen vor der Frage: Bildung – was ist das? vertieft sich zur Kritik der Frage: Was ist der Mensch?

2. Nun besagt Kritik Unterscheidung. Es kann sich also nicht um simple Abweisung handeln. Der Mensch ist weder alles noch

---

[17] Z.B. schreibt M. Heidegger sein (dem Gedächtnis Max Schelers gewidmetes!) Buch: Kant und das Problem der Metaphysik, Frankfurt ³1965, als »Kritik der Idee der philosophischen Anthropologie« (193). Vgl. ders., Vorträge und Aufsätze, Pfullingen 1954, 87: »Zur Anthropologie geworden, geht die Philosophie selbst an der Metaphysik zugrunde.«

[18] Siehe oben S. 13, Anm. 7 – Dabei gelten nicht selten erste Vorbehalte wiederum der »Unwissenschaftlichkeit« des Unternehmens. So mokiert O. Marquard sich angesichts der von H.-G. Gadamer herausgegebenen »Neuen Anthropologie« (dtv) über »die altanthropologische Tendenz zum Populären« (Schwierigkeiten mit der Geschichtsphilosophie 244). Vgl. 29: »Für die Anthropologie ... spricht die Bequemlichkeit.«

[19] Vorträge und Aufsätze 86.

[20] Siehe oben S. 11.

nichts noch »alles und nichts«. Also ist er Bestimmtes. – Diese Bestimmtheit haben nun Einführung und das erste Kapitel gerade in der Bestimmung des Menschen zur Selbstbestimmung gesehen.

»(Selbst-)Bestimmung«, das widerspräche erstens, wie schon anklang, einer topologischen Fixierung, mit der man etwas auf einen bestimmten Wesensort festlegt und in bestimmte Wesenskonturen einpaßt [21]. – Es widerspräche indes, zweitens, ebenso einer Konzeption von Werden und (Selbst-)Überstieg, die nur das allgemeine Vor-bild durch ein individuelles Ideal ersetzt, gemäß dem Vers: »In jedem ruht ein Bild des, was er werden soll…«

Bestimmung als Selbstbestimmung sagt mehr als Abbildverfertigung nach vorgelegtem Muster; es geht nicht bloß darum, einen vorgeschriebenen Weg abzuschreiten. Der Lebensgang ist, um es gleich in Guardinis religiöser und zugleich so plastischer Sprache zu sagen, »nicht Weg, der vorgezeichnet läge und wenn man ihn verließe, wäre Weg-Losigkeit. Es ist ein Weg, der sich von Gott her dem Menschen unter den Füßen erzeugt, aus jedem seiner Schritte neu.« [22]

In einem solchen Verständnis wird Bildung dann nicht mehr vom Bild (nach gängiger Vorstellung) her bestimmt, auch nicht einmal auf das Bild hin; eher wird sie geradezu gegen es gedacht und verfochten. Bild ist jetzt statt Vorentwurf Resultat, und gleichsam beiläufiges Resultat dazu (im Sinn des vorher Bedachten: Wer könnte schon auf »Format« aussein!).

3. Vielleicht aber – und dies sei hier vorgeschlagen – läßt beides sich dadurch zusammendenken, daß man den Bildbegriff anders faßt: nicht in den Bezügen von Ur- und Abbild, sondern

---

[21] »Position muß nautisch verstanden werden. Position ist nautisch der für Kursveränderungen und in Seenotfällen bedeutsame, vorübergehend eingenommene Ort eines Beweglichen, das schwimmt.« O. Marquard, Skeptische Methode im Blick auf Kant, Freiburg–München 1958, 54. Der – gerade nicht »skeptische« – biblische Terminus wäre hier »Auszug« (Abraham) bzw. »Pascha«, gegenüber einem Denken, das (Marquard 47) »wie Swinegel, nur deswegen immer ›schon da‹ ist, weil [es] nicht wirklich läuft«.

[22] Vom lebendigen Gott, Mainz ³o.J., 53f.

als »Versichtbarung von Unsichtbarem«[23]. Das heißt, Bild sei als Geschehen aufgefaßt (als »Bild*ung*«), und dieses Geschehen als »Ansichtigwerden« verstanden. Dabei empfiehlt dieser Name sich darum, weil er aktivisch wie passivisch gelesen werden kann.

Beginnen wir mit der schon angesprochenen passivischen Lesart: *Ansichtigwerden als Erscheinen*. Gott, die Welt, *der* Mensch und dieser Mensch: all das erscheint, auf je seine Weise, in einem bestimmten Menschen, der sich selbst zu dem bestimmt, was und wer er selbst-werdend ist. Er bildet diese Wirklichkeit nicht ab, sondern eher – auf die ihm eigene Weise – aus: er re-präsentiert den Menschen, Welt und Gott umso reiner, je mehr er unverwechselbar er selbst wird, also gerade mit wachsender »Unähnlichkeit« statt in angleichender Verähnlichung; denn es geht in diesem Geschehen nicht um Verdoppelung, sondern um Erscheinen und Da-sein: Repräsentation besagt (Ver-)Gegenwärtigung.

Ein solches Sichtbarwerden als Sichtbarmachen jedoch gibt es im Vollsinn nur als »Ausdruck« und Verwirklichung einer bestimmten »Sicht« des zu Versichtbarenden. D. h., der Standpunkt solchen Sichtbarmachens ist der einer eigenen Perspektive: Ansichtigwerden als Erscheinen geht aus dem *Ansichtigwerden als Erkennen* hervor. Was durch einen Menschen sichtbar wird, ist seine *Sicht* von Gott, Welt und Mensch. Und derart ist diese Sichtbarkeit nochmals nicht Abbild eines Vorbilds, sondern (Selbst-)Versichtbarung von Unsichtbarem (nämlich des Sehens und der Sichtweise des Sehenden statt bloß des von ihm Gesehenen, so wie zuvor im Gesehenen das Sich-Sehen-Lassen sich zeigte).

Dabei will das Reden von »Sicht« keineswegs für »Subjektivismus« plädieren. Meine Sicht und Ansicht einer Wirklichkeit ist die Ansicht, die diese mir bietet. Nochmals also: statt Ähnlichkeit und/oder Unähnlichkeit – Entsprechung[24].

[23] K. H. Volkmann-Schluck, Nicolaus Cusanus. Die Philosophie im Übergang vom Mittelalter zur Neuzeit, Frankfurt/M. ²1968, 72f. Vgl. die S. 73, Anm. 13 genannte Abhandlung.
[24] Siehe oben S. 97, Anm. 2. Verdeutlichen wir das Gemeinte durch eine Variation des Gesagten in zwei anderen »Sprachspielen«: M. Heidegger,

1. Damit kommen wir wieder auf die Gedanken im ersten Wegstück dieses Kapitels zurück. Die Vollzugsweise von Entsprechung unterscheidet sich nämlich charakteristisch vom Abbild-
bemühen. Der Blick des Abbildenden geht zwischen Urbild und
eigenem Werk hin und her; das *Ur*bild wird abgebildet, doch
gebildet wird, Ziel ist das *Ab*bild.

Der Entsprechende aber blickt und hört nur auf das ihm Begegnende [25]. Und wo diese Richtung sich umkehrt, da blickt und
spricht er aus dem Erfahrenen gleichsam an sich vorbei (oder
durch sich hindurch) auf die Adressaten dieses Geschehens hin.
Kurz, es geht ihm, im Maße er entspricht, nicht um sich. – Ein
großes Beispiel dessen bieten Israels Propheten: weder vollkommen noch weise, sondern verfügbar, Stimmen (Joh 1,23): »So
spricht der Herr.«

Und wenn diese Deduktion zu rasch und spekulativ vorge-
gangen sein sollte, dann mag praxisnähere Theorie sie bestätigen.
In einem 1969 erschienenen Sammelband über Erwachsenenbildung analysiert Hans Bohnenkamp den Bildungsbegriff im Er-
wachsenenbildungs-Gutachten des Deutschen Ausschusses für

Unterwegs zur Sprache, Pfullingen [2]1960, 70: »Dichten ist, bevor es ein
Sagen im Sinne des Aussprechens wird, seine längste Zeit erst ein Hören.«
R. Guardini, Welt und Person. Versuche zur christlichen Lehre vom Menschen, Mainz [2]1940, 114: »Die Dinge entstehen aus Gottes Befehl; die Person
aus seinem Anruf ... Der Mensch ist der zum Hörer des Welt-Wortes
Bestellte. Er soll auch der Antwortende sein.«
Im übrigen ist meine Sicht nie nur die meine, sondern stets schon unsere:
einer bestimmten Kultur und Tradition, die ihrerseits An-Sichten und Sicht-
weisen ermöglichen (im Ausschluß anderer). Zur Abhebung könnte man
solch umfassende Bezugsgesamtheiten die jeweilige »Welt« konkreter Perspektiven nennen. – Damit klingt eine schwerwiegende Folgefrage an: nach
der Möglichkeit der Vermittlung nicht bloß von Perspektiven innerhalb derselben Welt, ohne die es Bildung gar nicht gäbe, sondern auch der von Welten, was zumindest heute Bildung nicht minder verlangt. Doch geht es uns
hier zunächst nur um die »Grundperspektive« der Entsprechung als solcher.
[25] Vgl. V. v. Weizsäckers Schilderung der Einheit von Sehen und Sichbe-
wegen beim Betrachter eines fliegenden Falters – und darin der Einheit des
Betrachters mit dem Falter selbst: Der Gestaltkreis, Stuttgart 1947, 8.

das Erziehungs- und Bildungswesen von 1960, das »folgende –
als ›nüchtern‹ bezeichnete – Antwort gibt: ›Gebildet im Sinne
der Erwachsenenbildung wird jeder, der in der ständigen Bemühung lebt, sich selbst, die Gesellschaft und die Welt zu verstehen
und diesem Verständnis gemäß zu handeln.‹«[26] Und Bohnenkamp kommentiert: »Das ist, obwohl von ständiger Bemühung
die Rede ist, kein neuhumanistischer Satz. Denn die Bemühung
zielt nicht auf Selbstgestaltung, sondern auf verstehendes Handeln in die Welt hinein; Bildung ›wird‹ dabei, ungewollt. Aber
eben doch durch eigene Bemühung, in der sich niemand vertreten lassen kann, und das macht das Verständnis, um das es hier
geht, zu einem personalen.«[27]

Greifen wir nochmals auf Hegel und seine klassische Bestimmung von Bildung zurück. In der Dialektik von Individuum und
Allgemeinem bestimmt sich ihm Bildung durch das Allgemein-
werden des Individuums als Verwirklichung des Geistig-Sub-
stantiellen, das im Individuum Dasein gewinnt[28]. Dieser Prozeß
hat für den Einzelnen gewiß zunächst das Ansehen von Entfremdung; darum gibt auch Hegel dem ganzen Kapitel die Überschrift »Der sich entfremdete Geist; die Bildung«. Trotzdem ist
es wohl nicht glücklich, wenn Clemens Menze im Handbuch
pädagogischer Grundbegriffe hierzu einfachhin schreibt: »Bildung des Individuums ist deshalb Selbstvergessenheit, Selbstentäußerung, Selbstentfremdung, Selbstvernichtung.«[29]

Selbstentäußerung ist es; besser, gemäß dem vorigen Kapitel:
Selbstvergessenheit. Daß dies das Gegenteil von Selbstvernichtung sei, mag in Hegels System zuletzt doch nicht gewahrt bleiben (bekanntlich stellt diese Frage – auch Scheler hatte sich [oben

[26] Empfehlungen und Gutachten des Deutschen Ausschusses für das
Erziehungs- und Bildungswesen 1953-1965, Gesamtausgabe, Stuttgart 1966,
870.

[27] E. Prokop-G. M. Rückriem (Hrsg.), Erwachsenenbildung. Grundlagen und Modelle, Weinheim u. a. 1969, (49–69) 56. – Vgl. früher: K. Erling-
hagen, Vom Bildungsideal zur Lebensordnung. Das Erziehungsideal in der
katholischen Pädagogik, Freiburg 1960.

[28] Phänomenologie 352f (Jub.-Ausg. 2, 378f). Vgl. oben S. 101 Anm. 11.

[29] J. Speck-G. Wehle (Hrsg.), Handbuch pädagogischer Grundbegriffe,
München 1970 I 134–184, 147.

S. 101] darauf bezogen – einen Hauptpunkt der immer noch fortgehenden Diskussion um sein Werk dar); festhalten aber wollte es Hegel, und jedenfalls will es die Grundthese dieses Buchs.

2. Mit anderen Worten: Zuerst ließ sich die Frage nach dem Wesen von Bildung auf die nach dem Wesen des Menschen zurückführen; sodann artikulierte sich diese Frage adäquater als die nach der *Bestimmung* des Menschen[30]; jetzt ist folgerichtig dafür zu plädieren, das »Bild« des Menschen – nicht im Sinn von Abbild, sondern von Wesensgestalt (wie in den alten Ausdrükken »Manns-« und »Weibsbild«) – weniger als Kreis oder Kugel[31] zu sehen denn als Pfeil – oder auch als empfangende Schale (S. 92), jedenfalls eher als Offenheit und Dienlichkeit denn als Autarkie. Bildung zeigt sich so als Verwirklichung eines Wesens, das entscheidend als Diener bestimmt ist, statt wie im klassischen Bildungsbegriff als Herr. Selbstverwirklichung besagt dann eher als Selbstausgestaltung Erfüllung von Funktion und Sinn[32]. – Und dies ist nun keineswegs hegelsch als Bildung des Knechts *durch* Arbeitsdienst gemeint, die folgerichtig in stoische Selbstgenügsamkeit mündet, sondern Bildung – ob des Verstandes

---

[30] H. Fahrenbach, Heidegger und das Problem einer »philosophischen« Anthropologie, in: Durchblicke. Martin Heidegger zum 80. Geburtstag, Frankfurt/M. 1970, 97–131, 130: »Denn im Begriff der ›Bestimmung‹ [anstatt ›Lebensform‹, ›Wesen‹ oder ›Sein‹] sind die Aspekte der Faktizität (des Bestimmtseins) und des Entwurfs (des Sich-bestimmens) in ihrer offenen Spannung eingeschlossen, und doch wird durch die Frage nach der Bestimmung des Menschen das, was der Mensch sei, letztlich von dem her gefragt, was er sein kann. Durch diese Ausrichtung ihrer Fragestellung würde die philosophische Anthropologie zugleich ihr letztlich praktisches Erkenntnisinteresse dokumentieren, demgemäß sie dem Interesse des Menschen an Selbstverständnis in seiner Welt entspringt und verpflichtet bleibt, gerade dann, wenn Erfahrung und Wissenschaft dieses Interesse verkürzen oder verstellen und damit die Frage des Menschen nach sich selbst unterbinden.«

[31] Vgl. Platon, Symposion 189e; F. Werfel, Stern der Ungeborenen, 15. Kap.

[32] H.-J. Schoeps, Was ist der Mensch? Philosophische Anthropologie als Geistesgeschichte der neuesten Zeit, Göttingen 1960, 17: Die Frage nach dem Menschen, richtig gestellt, ist immer gleichbedeutend mit der Frage nach dem Sinn. Das Wesen des Menschen liegt da, wo sein Sinn liegt.« Siehe oben S. 36f.

oder des »Herzens« – wird hier als Bildung *zum* Dienst verstanden, dieser freilich gerade nicht als knechtisch, sondern als Tun des Freien[33].

Übrigens läßt diese Sicht sich auch und gerade innerhalb der »feudalen« Ständewelt anschaulich machen: So ist einmal auf John Ronald R. Tolkiens Bemerkung hinzuweisen, im Ritterepos sei regelmäßig in gewisser Weise ein Untergebener der eigentliche Held (wie auch in seinem eigenen großen Märchen vom »Herrn der Ringe«), weil bei ihm persönlicher Stolz die geringste Rolle spiele, Liebe und Loyalität die Hauptsache seien[34]. Weniger heroisch sodann bezeugt dasselbe Hugo von Hofmannsthal im Lob des »Unbestechlichen«. Guardini bringt das Gemeinte auf die Devise: statt Persönlichkeit Person[35].

Christliche Bildung

1. Spätestens jetzt indes muß der Einwand zu Wort kommen, der vielleicht schon seit dem Anfangseinspruch, und zwar aus der ihm entgegengesetzten Richtung, diesen Antwortversuch begleitet hat: Werde derart nicht bloß »zeitgemäß« geredet und aus einer Not (die etwa Guardini durchaus als solche benenne) eine Tugend gemacht? Verdächtige man das Reden von Bildung nicht etwa bloß deswegen, weil wir sie nicht mehr haben? Ist der »Gebildete«, der über sie zu sprechen verbietet, vielleicht nur in dem Sinn gebildet, daß er weder sich noch anderen da-

---

[33] Äußerste theologische Perspektive wäre Joh 13,1–15, als konkrete Interpretation des nur in diesem Rückbezug unmißverständlichen Worts der Gründonnerstags-Liturgie: »ubi caritas et amor, ibi Deus est. – Wo Güte und Liebe ist, da ist Gott.«

[34] The Homecoming of Beorhtnoth Beorhthelms's Son, in: The Tolkien-Reader, New York (Ballantine) [12]1971, 20; 22f: »It is the heroism of obedience and love not of pride or wilfulness that is the most heroic and the most moving; from Wiglaf under his kinsman's shield, to Beorhtwold at Maldon, down to Balaclava, even if it is enshrined in verse no better than *The Charge of the Light Brigade*.«

[35] Das Ende der Neuzeit. Ein Versuch zur Orientierung, München 1950, 77–80. Vgl. M. Müller, Person und Funktion (Münchener Antrittsvorlesung von 1961), in: Erfahrung und Geschichte 83–123.

durch wehtun will, daß er von Dingen redet, die man nicht mehr besitzt? (Nicht bloß der Reiche, auch der verschämte Verarmte spricht nicht vom Geld, und im Haus des Gehenkten redet man nicht vom Strick.)

Auch diese Frage ist gewiß nicht abzuweisen. Doch wiederum dürfte es fruchtbarer sein, ihr auf den Grund zu gehen. Geschichte spielt nämlich tatsächlich in unsere Antwort nicht nur beiläufig hinein. Allerdings nicht in erster Linie die der neuzeitlichen Entwicklung. Vor allem ist an die Geschichte jener Erfahrung zu denken, aufgrund deren in die Tradition menschlicher Selbstreflexion Grundbegriffe wie Person, der Einzelne, Stunde, Augenblick, Schöpfung, Gott als Herr und Vater ... eingegangen sind, also an die jüdisch-christliche Botschaft.

Und wurde zuvor von Bildung als Dienst gesprochen, so verlangt eben diese biblische Tradition, nun jenen Gedanken mit dem früher entwickelten Begriff des Sichtbarwerdens zu verbinden: *Bild dient dem Erscheinungsgeschehen.* Was aber erscheint in Welt und Mensch als Erscheinung, wenn sie, biblisch-christlich verstanden, nicht not-wendender Ausfluß eines göttlichen Bedürfnisses sind (weder seiner Armut noch der Armut eines einsamen Reichtums), sondern Tat und Wort freier Freiheit?

Eben diese Freiheit erscheint in ihnen. – Das heißt zuerst und bleibend: Unverfügbarkeit (Geheimnis) wird sichtbar; es heißt aber zugleich auch: freies Geben und Sich-Geben von Freiheit erscheinen; denn wenn nicht die Schöpfung dem Schöpfer zu etwas dient, dann dient er ihr. Die Freiheit also, die Welt und Mensch versichtbaren, erscheint als gebende, dienliche Freiheit. Nicht nur dient das Bild dem Erscheinungsgeschehen: *Was erscheint, ist seinerseits Dienst,* nüchtern gesprochen: Funktionalität, Bezüglichkeit, kühner: Liebe[36].

Bildung hieße dann: Dienlichwerden und Dienlichkeit im Dienste der Versichtbarung von Dienlichkeit[37]. Bewußt wurde

[36] Siehe oben Anm. 33; philosophisch die S. 73 Anm. 13 genannte Arbeit.
[37] Liebesdienst, der dienende Liebe ver-gegenwärtigt: Joh 13,34f; Mt 18,20; Apg 3; 2 Kor 2,4. – Mehr als ein Ausblick sollen solche theologischen

nicht formuliert: im Dienst der Versichtbarung ihrer selbst. Dagegen richtet sich ja die gesamte Überlegung nicht bloß dieses fünften Kapitels. Die formale Identität in der Selbsthingabe als solcher wird nämlich von der abgründigen Differenz durchkreuzt, die zwischen dem sich gebenden Menschen als »gegebenem Gott« (Nikolaus von Kues) und dem ihn und sein Geben (und so sich selbst) gebenden Vater-Gott waltet. Darum – und nur so – *bleibt* die Rede von Dienst.

2. Oben ist der Name Meister Eckharts gefallen. Sein Problem war gerade die jetzt thematisch gewordene Verbindung von Ähnlichkeit und Geheimnis, von Analogielehre und negativer Theologie im Reden vom Menschen als Gottesverhältnis. Seine Lösung bestand in der paradoxen Forderung einer Bildung, die, vom Irdischen »*entbildet*«, derart »Einbildung« in Gott hinein war, daß sie »überbildend« über alles Bild hinauswuchs. »Der einzige Ausweg aus dem Dilemma: ›Imago Dei – Bildlosigkeit Gottes‹ ist demnach das Paradox: ›Die niht glîch sind, die sint aleine gote glîch‹« [38].

Es hat sich bereits ergeben, daß »Entsprechung« ein glücklicheres Wort für das Gemeinte ist als Ähnlichkeit oder das hier verwendete Wortpaar »gleich – nicht gleich«. Damit vermag man auch dem Irdischen besser gerecht zu werden als Meister Eckhart; geht es doch weniger darum, es zu entbilden (obwohl der Kampf gegen Idole unabdingbar bleibt), als vielmehr, es »entsprechend« auszubilden: eben zur Sichtbarkeit des unsichtbaren Gottes (Röm 1,20; Joh 17,23) [39].

Treffend gibt der Cusaner dem erscheinenden Unsichtbaren den Namen »Non-aliud«. Wir sind je anderes: untereinander wie Gott gegenüber. Er aber ist nicht dieses vielfach andere, das wir

Perspektiven (wie auch in Anm. 33) freilich nicht sein. Wir beschränken uns hier auf christlich-*philosophische* Reflexion. Darum bleiben Christologie wie Dreifaltigkeitslehre, »Organisationszentren« einer Bildungs-Theologie, mit Bewußtsein außer Betracht.

[38] H. Schilling, Bildung als Gottesbildlichkeit. Eine motivgeschichtliche Studie zum Bildungsbegriff, Freiburg 1961, 28 (Quint I, 107).

[39] Übrigens könnte – die Etymologie ist bislang unklar – gerade »Entsprechung« die Urbedeutung von Bild sein. Vgl. Duden-Etymologie, Mannheim 1963; H. Paul, Deutsches Wörterbuch, Tübingen ⁶1966 (W. Betz).

sind, (er ist nicht wir) und ist zugleich doch auch nichts anderes *als* dieses; weil er eben schlechthin der Nicht-Andere ist. – Darum begegnet im »Bilde« seiner er selbst, ohne daß Bildung Vergöttlichung hieße, und wird im Menschenwort, als menschlichem, er selbst vernehmbar[40]. – So aber zeigt Bildung sich uns schließlich als ein mehrdimensionales Wirklichwerden.

Wenn Reden, wie gesehen, erstlich Hören ist, dann ist Hören im Ernst seiner selbst Reden und Tun (Hören erfüllt sich im Gehorsam): Erkennen heißt, in Bild verwandelt werden, »von Herrlichkeit zu Herrlichkeit« (2 Kor 3,16–18). Bildwerden bedeutet Aufgehen-, Anwesen-lassen. Und hat man Bildung seit je vom Wortvermögen her definiert, dann darf man von dort her wohl sagen: Bildung ereignet sich, wo gehörter Anruf im Angerufenen auf gehörige Weise Wort wird[41].

Dort ist in seinem schaffenden Ruf im Hörenden der Rufer gegenwärtig, und in der Verwirklichung dieses Rufs wird zugleich der Angerufene »präsent« und wirklich: als Antwort auf den Ruf und als seine Weitergabe zumal. (Das meinte ja ursprünglich das Wort »Beruf«; entsprechend war der Name zugleich Devise.) Und solcher Dienst ist der Adel des Menschen: *Bildung als Menschwerdung*. Was aber diese sei, sagt in der Schrift »Vom Ansichtigwerden Gottes« ein augustinisch prägnantes Wort des Cusaners: »Et audit te terra et hoc audire eius est fieri hominem – Und es hört dich die Erde und dieses ihr Hören ist das Werden des Menschen.«[42]

[40] Vgl. Konturen der Freiheit 170–177.

[41] Dies als prinzipiell philosophisch-theologische Bestimmung. Sie erübrigt keineswegs, fordert vielmehr die konkrete Ausarbeitung durch eine Fundamental-Pädagogik und braucht sich darum nicht von dem Vorwurf J. Derbolavs an die Adresse der »Pädagogik der Entsprechung« Th. Ballauffs und K. Schallers getroffen zu fühlen (ungeachtet der Frage, wie weit diese getroffen seien), daß »die Theologisierung des Bildungsereignisses, die Kritik am vermeintlichen Humanismus und die Belanglosigkeitserklärung der Wissenschaften [dies war hier nirgends die Absicht!] sich durch eine erschreckende Problemblindheit und Inhaltslosigkeit im eigentlich pädagogischen Aktionsraum« räche. Humanismus, Dialektik und Pädagogik, in: Zeitschr. f. Pädagogik 7 (1961) 246–270, 266.

[42] De visione Dei 10 (Studienausgabe [L. Gabriel-D. u. W. Dupré], Wien 1964ff, III 136f.).

6. WORT ZUR ANTWORT: GEBET

Das Lernziel Menschlichkeit hat sich im Zueinander der Perspektiven als der Auftrag gezeigt, den eigenen Namen zu lernen. Gerufene Freiheit soll den Ruf hören, der sie erweckt, und den Beruf übernehmen, aus dem sie Kontur gewinnt.

Wenn Aristoteles den Menschen als von Natur aus politisches Lebewesen bestimmt, dann präzisiert er diese Definition, zur Abhebung von tierischen Schwärmen und Herden, durch den Hinweis auf das Sprachvermögen des Menschen[1]. »Die Stimme ist das Zeichen für Schmerz und Lust und darum auch den anderen Sinneswesen verliehen ... Das Wort aber ist dazu da, das Nützliche und das Schädliche und so auch das Gerechte und das Ungerechte anzuzeigen. Denn das ist den Menschen vor den andern Lebewesen eigen, daß sie Sinn haben für Gut und Böse, für Gerecht und Ungerecht und so weiter.«

Der Stoa wird der Mensch ausdrücklich das Wesen des Logos, das heißt von *Wort* und Vernunft. Und wieder wird der Logos in engster Verbindung mit der sittlichen *Verantwortung* gesehen[2]. Das Wort dient also der *Antwort*. Und zwar dient es *zu* ihr, das heißt, es ist selbst stets Antwort. – Man mag seine Bedeutungsfunktion zunächst durchaus »dreistrahlig« als Sachanzeige, Ausdruck und Anstoß verstehen: als *»Symbol* kraft seiner Zuordnung zu Gegenständen und Sachverhalten, *Anzeichen (Indicium)* kraft seiner Abhängigkeit vom Sender, dessen Innerlichkeit es ausdrückt, und *Signal* kraft seines Appells an den Hörer,

---

[1] Politik I 2, 1253a 2–18.
[2] Vgl. M. Pohlenz, Die Stoa. Geschichte einer geistigen Bewegung, Göttingen ²1959, 88f. M. Landmann, in: De homine (S. 10 Anm. 1) 95ff. Die lateinische Übersetzung des ›Zôon logikón‹ lautet dann, ohne die Wort-Dimension im ›logikon‹ hinüberretten zu können: animal rationale.

dessen äußeres oder inneres Verhalten es steuert« (Karl Bühler) [3]. Aber damit wäre nur die »*Stimme*« beschrieben, und schon diese muß den Gegebenheiten *entsprechen:* als Symbol wie als Anzeichen denen, die sie ausspricht, als Signal denjenigen, die sie (im Adressaten) anspricht. Zum Wort jedoch wird die Stimme erst dadurch, daß sie verantwortlich redet, das heißt, sich dem Anspruch der Wahrheit und der Forderung zum Guten unterstellt – ob sie diesem Gebot nun folgt oder nicht.

In diesem wesentlichen Sinn sind alle Worte Taten: Selbstbestimmung von Freiheit. Reflexion über Sprache als Wort hat ihren Ort also weniger in selbstgenügsamer Spekulation als in der praktischen Philosophie.

Darum bieten sich, nicht nur für das Thema dieses Kapitels, sondern auch im Rückblick auf die Argumentationsweise des ganzen Buchs, zuerst Überlegungen zum Verhältnis von Theorie und Praxis an: zu ihrem Verhältnis an sich wie besonders in ihrer philosophischen Reflexion. Von dorther läßt sich nochmals – im raschen Strich der Wiederholung – die Windrose menschlichen In-der-Welt-Seins skizzieren: zur Orientierung [4] für die Schlußfrage der hier zur Diskussion gestellten Überlegungen, die nach einem philosophischen Begriff des Gebets.

Theorie und ursprüngliche Praxis

1. Beginnen wir – die Wörter ›Theorie‹ und ›Praxis‹ sind ja griechisch – bei *dem* Philosophen (so pflegt Thomas von Aquin ihn zu zitieren: »Philosophus dicit...«): Aristoteles. – ›Theorie‹ bedeutet hier die reine, selbstzweckliche Schau dessen, was ist, in

---

[3] Schlußsatz der Abhandlung: Die Axiomatik der Sprachwissenschaften, in: Kantstudien 38 (1933) 19–90; siehe B. Liebrucks, Sprache und Bewußtsein. I Einleitung. Spannweite des Problems, Frankfurt/M. 1964, 215–221.
[4] Vgl. G. W. F. Hegel: »Das Zeitungslesen des Morgens früh ist eine Art von realistischem Morgensegen. Man orientiert seine Haltung gegen die Welt an Gott oder an dem, was die Welt ist. Jenes gibt dieselbe Sicherheit wie hier, daß man wisse, wie man daran sei.« K. Rosenkranz, G. W. F. Hegels Leben 543 (Aphorismen aus der Jenenser Periode).

seiner verstehbaren Notwendigkeit. In ihrer höchsten Form ist sie die Schau des Göttlichen. – »›Praxis‹ ist bei Aristoteles mehr als eine von anderen Verhaltensweisen unterschiedene Tätigkeit; sie meint das Leben des Lebendigen überhaupt, weil es sich im Tun und Wirken vollzieht und ›Praxis‹ so die Form seiner Bewegung ist..., so daß die Verschiedenheit der Lebewesen selbst sich in der Verschiedenheit ihrer Praxis darstellt und zu Tage tritt« (J. Ritter)[5].

So ist Theorie eine Weise menschlicher Praxis. Und zwar die höchste, denn außerhalb ihrer hat es das Handeln stets mit dem konkreten einzelnen zu tun, das sich prinzipieller Einsicht entzieht. Unter diesem Aspekt können wir die ansonst zu beachtende Unterscheidung von Praxis und Poiesis, Tun und Machen[6], vernachlässigen. Den Vorrang hat jedenfalls die Theorie.

Schau der Notwendigkeit ist in diesem Konzept aber selbst von Notwendigkeit bestimmt. Das heißt, das freie Handeln (dem die praktische Philosophie der Ethik gilt) entspringt zwar aus Wahl, aber nur aus der Wahl der Mittel und Wege zum Ziel, nicht des Ziels selbst. Dieses vielmehr – das Sein als das Gute – wird von der Vernunft erkannt. (Und zwar, als das höchst Wißbare, am angemessensten in der wissendsten, weil wirklich prinzipiellen Wissenschaft, der Ersten Philosophie.) Lebenspraxis ist demgegenüber – so wie deren Philosophie – ein zweites.

Zwar betont Aristoteles die sittliche Freiheit des Menschen; Schuld ist für ihn nicht bloß Irrtum[7]; dennoch steht Freiheit vor

---

[5] J. Ritter, Metaphysik und Politik. Studien zu Aristoteles und Hegel, Frankfurt/M. 1969, 24 (9–32: Die Lehre vom Ursprung und Sinn der Theorie bei Aristoteles).

[6] »Während bestimmte Handlungen ein greifbares Werk, wie ein Haus oder Schiff, hinterlassen (am deutlichsten exemplifiziert an den Tätigkeiten des Handwerkers), haben andere Handlungen – etwa Spielen oder sittliches bzw. gesellschaftliches Handeln – ihren Sinn und ihre Vollendung in sich selbst; nur die letzteren nennt Aristoteles πρᾶξεις, das erstere ist für ihn ποίησις.« N. Lobkowitz, Theorie und Praxis, in: Sowjetsystem und demokratische Gesellschaft. Freiburg 1966ff Bd VI, Sp. 411–456, 411.

[7] Nik. Eth. II 7 (1113b 6ff; vgl. VI 13–1144b 17ff). Siehe E. Coreth, Zur Problemgeschichte menschlicher Freiheit, in: Zeitschr. f. Kath. Theologie 94 (1972) 257–289, 257–268.

allem als Autarkie der Polis und als Selbständigkeit des freien Bürgers im Blick, nicht eigentlich als Grundverfassung von Person. – Bezeichnenderweise ist das Problem des griechischen Denkens doch nicht die Schuld, sondern der Irrtum.

Derselbe Ansatz bestimmt die Freiheitslehre des Aquinaten, die im kirchlichen Denken bestimmend geworden ist. Zwar ist Freiheit hier mehr als die Wahl der Wege zum naturgesetzten Ziel; denn das »natürliche Streben« (*appetitus naturalis*) verdankt sich dem Willen eines persönlichen Schöpfers und ist darum seinerseits willentlich auf ihn bezogen. Doch gilt auch hier, daß der *freie* Vollzug dieser Wesensdynamik aus einer Wahlentscheidung für das *erkannte* »höchste Gut« hervorgeht, wobei diese Wahl nur in dem Maße frei ist, als das »summum bonum« doch (noch) nicht adäquat erkannt ist.

Wiederum folgt, bei aller subtilen Erörterung der Wechselbezüge von Erkennen und Wollen, Freiheit bzw. der Wille erst (aus) der Vernunft[8]. Und wieder, bezeichnenderweise, meldet sich die Frage nach der Schuld, der Verdacht ihrer Verharmlosung in einem Entwurf, demzufolge das Böse nur als ein Gutes (*sub ratione boni*) gewollt werden kann[9].

Als Widerspruch gegen irrationalen Voluntarismus und ein ungeklärtes Entscheidungs-Pathos ist die Formel »Logos vor Ethos« verständlich, die zwischen den Kriegen so etwas wie eine katholische Parole war[10]. Aber sie teilt deren unangemessene, weil zerreißende Vorstellung von Freiheit. Oder sollten nicht umgekehrt jene Philosophien des Lebens, des Drangs und des Willenswagnisses als Protest und Reaktion gegen einen Intellektualismus zu sehen sein, von dessen unberechtigtem Trennen sie leider sich selbst nicht haben frei machen können?

---

[8] Vgl. W. Kern, Das Verhältnis von Erkenntnis und Liebe als philosophisches Grundproblem bei Hegel und Thomas von Aquin, in: Scholastik 34 (1959) 394–427, 414ff; K. Riesenhuber, Die Transzendenz der Freiheit zum Guten. Der Wille in der Anthropologie und Metaphysik des Thomas von Aquin, München 1971; E. Coreth, a.a.O., 268–277.
[9] Vgl. K. Rahner, Schriften zur Theologie X 145–163: Verharmlosung der Schuld in der traditionellen Theologie?
[10] Vgl. M. Müller, Erfahrung und Geschichte 417.

2. Im neuzeitlichen Denken besagen Logos und Theorie nicht mehr gesammelte Schau des Göttlichen, sondern Erkenntnis der Strukturgesetzlichkeit von Welt und Vernunft. Ihr Ziel und Ideal ist, wie im zweiten Kapitel erwogen, die »mathesis universalis« der exakten Wissenschaft. Als universale kann sie nicht einen Bereich freier »unbestimmter« Praxis neben sich dulden, sie muß diese vielmehr einbegreifen. Möglich ist das aber einzig so, daß das nicht Erfaßbare, das »Unwissenschaftliche« (worunter ja schon für Aristoteles das Geschichtliche fiel[11]) nun zum im Grunde Unwichtigen erklärt wird. Mit anderen Worten: Die Praxis wird soweit möglich der Freiheit entnommen und »theoretisiert«; die Theorie wiederum wird »praxisorientiert«: savoir pour prévoir pour pourvoir (S. 43).

Aber damit sind Theorie wie Praxis etwas anderes geworden. – Theorie ist Erkennenwollen des Willens zur Macht, der Wille zur Macht aber verzichtet, eben aus Machtwillen, auf alle »Willkür« und unterstellt sich »diszipliniert« den erkannten Notwendigkeiten. Solcher Disziplin wird dann nicht nur die Freiheit, sondern auch die Frage nach dem Warum, nach dem Sinn dieses Opfers geopfert: gleichermaßen in der »Wissenschaftsreligion« wie in dem Religionsdienst, den der entstehende Nationalstaat beansprucht (»Right or wrong – my country«).

3. Inzwischen hat sich gezeigt, daß diese Frage sich auf die Dauer doch nicht unterdrücken läßt. Indem die erstrebte Herrschaft über Sachen, absolut gesetzt, die unpersönlich-»sachliche« Herrschaft über den Menschen erzwingt, weckt sie in ihm die Frage nach dem Warum und Wozu solcher Herrschaft.

Zwar wird ihm diese Frage im Namen der Wissenschaft untersagt: wenn nicht als schlechtweg sinnlos, dann als naive Moralisierung und Personalisierung von gesellschaftlichen Strukturproblemen. Aber indem die Verhältnisse, die »nicht so sind«, in ihrer Unmenschlichkeit als menschliche erkannt sind, stellen sie die Verantwortung des Menschen in neuer Weise zur Diskus-

---

[11] »Darum ist die Dichtung auch philosophischer und bedeutender als die Geschichtsschreibung; denn die Dichtung redet eher vom Allgemeinen, die Historie vom Besonderen.« Poetik 9 (1451b 5ff).

sion: die untrennbare, ja kaum unterscheidbare Einheit von Theorie und Praxis im Technik-Wissenschafts-Betrieb (und was, von Politik bis Sexualität – einschließlich des Religiösen, das man mit Feuerbach ohnehin auf diese beiden Dimensionen reduziert –, wird heute nicht technisch wissenschaftlich »angegangen«?), dies überwältigende »Ensemble« wechselseitiger Bestimmtheit, verweist auf die ursprüngliche Identität von Einsicht und Tat im Zentrum (inter-)personaler Wirklichkeit.

Damit wird nicht eine Vermischung der Kategorien beabsichtigt, sondern der Schritt zurück hinter sie: die Blickwende auf jenen Einheitspunkt, wo Erkennen als Anerkennen entspringt und nur derart Erkennen ist. »Grundentscheidung«, »option fondamentale«, »ontologische Affirmation« sind Namen für das Gemeinte. Vor allem Maurice Blondel in seiner Phänomenologie des menschlichen Handelns hat Sein und Wesen dieses Lebenskerns und Freiheitsanfangs herausgearbeitet, daraus allein sich Menschlichkeit zu entfalten vermag. Wir können hier seine umwegigen Analysen nicht einmal in ihren Hauptlinien verfolgen [12] – und müssen dies wohl auch nicht. Für unsere Vorüberlegungen dürfte es reichen, wenn zu dem Hinweis auf das Ungenügen anderer Lösungsversuche einige Zitate treten, um den Blick der Selbstbesinnung auf jenen Urvollzug von Freiheit zu lenken, in dem Einsicht und Zustimmung streng eins: das selbe sind [13].

[12] M. Blondel, Die Aktion. (1893) Versuch einer Kritik des Lebens und einer Wissenschaft der Praktik (Robert Scherer), Freiburg 1965; U. Hommes, Transzendenz und Personalität. Zum Begriff der Action bei Maurice Blondel, Frankfurt 1972. Aus dieser Untersuchung stammen die folgenden Zitate – so wie ihr auch der bisherige Rückblick Wesentliches verdankt.

[13] Will sagen: nicht (und seien es mit einander verschränkte) Vollzüge oder Teilvollzüge, sondern Momente – nicht einmal Teile – *eines* Vollzugs. – War es vielleicht doch dies, was Sokrates im Grunde »meinte«, wenn er die Tugend als Wissen bestimmte und es für unmöglich hielt, daß der Mensch wissentlich Schuld auf sich lüde (Politeia 1,21 [350b], Menon 88b–89a; Protagoras 352c, 361b; siehe oben Anm. 7)? Nicht, weil, wie er sagt, Erkenntnis ein Zuwiderhandeln ausschlösse – was in etwa für das technische Verständnis gilt (J. Hirschberger, Geschichte der Philosophie I. Altertum und Mittelalter, Freiburg [2]1957, 56f) –, sondern umgekehrt darum, weil das Gute in seinem vollen Glanz nur der erkennen kann, der sich voll und endgültig zu

»Das Sein, zu dem der Wille sich entscheidet, wird nicht zuerst erkannt und dann als erkanntes auch noch angenommen, es wird vielmehr eingesehen nur, indem es angenommen wird.« Es gibt transzendentale Auslegungen dieses Sachverhalts, die nicht ganz unberechtigt den Verdacht erwecken, ihnen zufolge werde Sein (Wahrheit, das Gute) einfach vom Subjekt konstituiert. Damit wäre das zu Sehende verfehlt. »Von dem her nämlich, was nur einzusehen ist, wenn es angenommen wird, muß zugleich auch gesagt werden, daß es zwar für den Menschen nur in der Bejahung überhaupt sichtbar wird, daß es aber doch deshalb nicht etwa durch diese ist, sondern ihr notwendig vorhergeht. Solches Vorhergehen zeigt sich im Anspruch, auf den die Bejahung die Antwort gibt.« (73)

Dieses ursprüngliche Handeln des Menschen, in dem er als Person und Freiheit sich erstlich auszeugt, wird ebenso verfehlt, wenn es irrational dezisionistisch, also mit dem Anspruch auf Selbst*schöpfertum*, ausgelegt wird, wie wenn man intellektualistisch der Freiheit ihre Ursprünglichkeit raubt und sie aus theoretischer Einsicht erst (er)folgen läßt. – Will man aber diese Praxis – die Weise, wie Person ist, was sie ist – angemessen denken, dann muß man nicht nur das Richtige (Angemessene) denken, sondern auch dies auf die rechte, angemessene Weise. Das heißt, für ein unverkürztes (Selbst-)Verständnis des Menschen ergibt sich – fundamentaltheologisch wie -philosophisch –, daß nicht zuerst von seiner faktischen Eröffnetheit zu handeln wäre, mit späterem Fortgang zu »praktischen Konsequenzen«, sondern daß vor allen »Applikationen«, grundsätzlich schon, »alles hier auf solches Sichöffnen für das Wort [des Anspruchs] hinaus-

ihm entschieden hat. So wäre zwar Tugend nicht einfach Wissen; doch von der Schuld gälte immer, daß hier die Menschen »nicht wissen, was sie tun« – nur daß eben dies sie keineswegs *ent*schuldigt, sondern durchaus der Vergebung bedarf (Lk 23,34). (Franz Dirlmeier zitiert im Kommentar zum genannten Aristoteles-Text R. Walzer: »Die Freiwilligkeit der Tugend war auch jedem Akademiker selbstverständlich; die Lehre dagegen, daß der Mensch auch für seine Schlechtigkeit voll verantwortlich ist, widerspricht Platos Anschauung von den frühesten Dialogen bis zu den Gesetzen.« Aristoteles, Nikomachische Ethik, Darmstadt 1964, 335).

läuft«. Es gilt »nicht so sehr sich mit dem Hören*können* zu beschäftigen, als zu verstehen, was das Hören*wollen* ist«. (301)

Das *Wort* ›Gebet‹ ist im Gang dieser Vorklärung nicht begegnet. Gleichwohl mag schon deutlich werden, in welchem Maß von der *Sache* immerfort die Rede war[14]. Aber ausdrücklich ist nun erst noch einmal vom Menschen zu sprechen: Als dem Wesen derart geforderten Sich-Eröffnens entspricht ihm (eher als »animal rationale«) die Definition: »gerufene Freiheit«[15].

Gerufene Freiheit

Für die Erörterung des Gemeinten bietet sich als erster Zeuge Sören Kierkegaard mit seiner anthropologischen Grundkategorie des Einzelnen an. Im Definitionshorizont von »animal rationale« gibt es nur Art und Individuum; der raumzeitlich individuierte Einzelfall aber ist ganz etwas anderes als die strikte Einzigkeit von Person.

1. »Der Einzelne«, schreibt Kierkegaard im Rückblick auf sein Wirken als Schriftsteller, »ist die Kategorie des Geistes, der geistigen Erweckung«. »Aber die Sache ist, dozieren kann man diese Kategorie nicht; es ist ein Können, eine Kunst, eine ethische Aufgabe und eine Kunst, deren Ausübung vielleicht zu ihrer Zeit das Leben des Darbietenden heischen könnte ... ›Der Einzelne‹ diese Kategorie ist nur einmal, ihr erstes Mal, entscheidend dialektisch gebraucht worden, von Sokrates, um das Heidentum aufzulösen. In der Christenheit wird sie ein zweites Mal gerade

---

[14] Siehe G. W. F. Hegel: »In der Andacht – das Wort kommt vom Denken her – ist Gott für mich.« »Andacht ist nicht bloß Glauben, daß Gott ist, sondern sie ist vorhanden, wenn das Subjekt betet, wenn es nicht bloß gegenständlich mit diesem Inhalte beschäftigt ist ... Andacht ist der sich bewegende Geist, in dieser Bewegung, diesem Gegenstande sich zu erhalten.« Begriff der Religion (G. Lasson 1925), Neudruck Hamburg 1966, 145 u. 235 (Jub.-Ausg. 15,207 u. 224). – Simone Weil: »Auf ihrer höchsten Stufe ist die Aufmerksamkeit das gleiche wie das Gebet. Sie setzt den Glauben und die Liebe voraus.« Schwerkraft und Gnade, München 1952, 209.

[15] Vgl. Der Mensch in seiner Freiheit; Konturen der Freiheit Kap. 1.

umgekehrt zu brauchen sein, um die Menschen (die Christen) zu Christen zu machen.«[16]

Mit anderen Worten: »Person«, »der Einzelne« oder auch »Ich« sind, wie gleich eingangs (S. 10f) bedacht, keine theoretisch-objektiven Kategorien. (Darum hat das zweite Kapitel den Wissenschaften ja auch keineswegs, wie mitunter der Fall, vorgehalten, sie übergingen das Personale; sie können, auch als Religionswissenschaften, einzig Individuen erblicken. Ein anderes freilich wäre die – unwissenschaftliche – Abwertung oder gar Leugnung des Nicht-Erblickten.) Es handelt sich bei diesen Begriffen um Grundworte praktischer Philosophie oder vielmehr: um Namen ursprünglicher Praxis.

Der Ausdruck der Tradition für diese Ursprünglichkeit ist »moralisch« oder »ethisch«: »Gemäß seinen moralischen Tugenden heißt ein Mensch gut schlechthin« (Thomas v. Aquin)[17]. Wir haben zuvor vom Unbedingten, vom Unbeliebigen oder vom Unausweichlichen gesprochen. Gemeint ist immer dasselbe: das Ereignis der Geburt von Einzigkeit. Und woher kann sich Einzigkeit ereignen? Nicht aus einer bestimmten noch so reichen Eigenschaftenkombination – die wäre prinzipiell wiederholbar. Nicht Qualitäten begründen Personen. Dann scheint als Grund nur das pure Faktum des Hier und Jetzt übrig zu bleiben. Für jede Person gilt wie für jedes Staubkorn: mag, was sie darstellt, auch identisch wiederkehren, es kann nicht hier und jetzt, sondern nur an anderer Raum-Zeit-Stelle wieder erscheinen.

Aber begründet diese Tatsächlichkeit jene innere Unbeliebigkeit und Unbedingtheit, die – zumindest als Sinn*forderung* – das Selbstbewußtsein von Person bestimmen und worauf die Frage zielt, wenn ein Ich sich fragt: Warum, wozu bin (gerade) ich? oder wenn es ein Du fragt: Warum, wozu begegnest mir gerade du? – Wenn es im endlich Bedingten Unbedingtheit geben soll, dann kann es sie allein von einem unbedingten *Gemeintsein* her geben. Unersetzlichkeit, Einzigkeit gibt es nur aus einem

---

[16] S. Kierkegaard, Die Schriften über sich selbst, Düsseldorf 1951, 115 u. 118.

[17] Sth II–I, 66,3 ad 2.

Anruf, der den Gerufenen als eben diesen, als Einzelnen meint und als Einzigen will. Ich wird, insofern es sich als Du genannt hört. – Von wem?

2. Hier ist dem Hegelkritiker Kierkegaard und seiner Kategorie des Einzelnen die Hegelkritik Ludwig Feuerbachs gegenüber- oder an die Seite zu stellen: »Der einzelne Mensch für sich hat das Wesen des Menschen weder in sich als moralischem, noch in sich als denkendem Wesen. Das Wesen des Menschen ist nur in der Gemeinschaft, in der Einheit des Menschen mit dem Menschen enthalten – eine Einheit, die sich aber nur auf die Realität des Unterschieds von Ich und Du stützt.«[18]

1796, 47 Jahre vorher, kann man bei Johann Gottlieb Fichte, dem Philosophen angeblicher Verabsolutierung des Ichs, bereits lesen[19]: »Der Mensch (so alle endlichen Wesen überhaupt) wird nur unter Menschen ein Mensch; und da er nichts Anderes sein kann denn ein Mensch und gar nicht sein würde, wenn er dies nicht wäre – sollen überhaupt Menschen sein, so müssen mehrere sein ... Dies ist nicht eine willkürlich angenommene, auf die bisherige Erfahrung oder auf andere Wahrscheinlichkeitsgründe aufgebaute Meinung, sondern es ist eine aus dem Begriff des Menschen streng zu erweisende Wahrheit. Sobald man diesen Begriff vollkommen bestimmt, wird man von dem Denken eines Einzelnen aus getrieben zur Annahme eines zweiten, um den ersten erklären zu können. Der Begriff des Menschen ist sonach gar nicht Begriff eines Einzelnen, denn ein solcher ist undenkbar, sondern der einer Gattung.«

Es bedarf zu dieser Erkenntnis nicht einmal der geforderten »vollkommenen Bestimmung« des Begriffs. Die gebotenen Hinweise reichen aus. Wenn der Mensch nur angerufen Mensch wird und er diesen Anruf als an ihn ergehend hören und verstehen können soll, muß dieser Anruf an ihn menschlich sein. Sagt man aber, die »Eins« transzendierend, »Zwei«, dann hat man damit

---

[18] Grundsätze der Philosophie der Zukunft § 59; Sämtl. Werke, Stuttgart ²1959ff, II 318.

[19] J. G. Fichte, Grundlage des Naturrechts nach Prinzipien der Wissenschaftslehre: Sämtl. Werke III 39.

bereits »Drei« gesagt: Ich, Du und das Wort zwischen ihnen, die Sprache; umfassender: ihre Welt[20]. Raum ist mit diesem Gegenüber gesetzt, in dem einer dem anderen sein Da-sein ein-räumt; ebenso Zeit, da Anruf Antwort erwartet und Antwort erst auf sie herausfordernden Anruf erfolgt. Und in Raum und Zeit entfaltet sich, aus dem wortlosen Augen-Blick her, die Spra-che. Nicht mehr bloß, weltlos, Ich – Du, sondern mein und dein Name. Ja, erst der Name läßt den anderen wirklich er selbst (»an sich« selbst) sein, statt bloß – als mein Augenblicks-Gegenüber – mein Du[21].

3. Aber ist hiermit das Wesen gerufener Freiheit genügend bestimmt? Feuerbach glaubt es. An der zitierten Stelle fährt er mit dem berühmten § 60 fort: »Einsamkeit ist Endlichkeit und Beschränktheit, Gemeinschaftlichkeit ist Freiheit und Unend-lichkeit. Der Mensch für sich ist Mensch (im gewöhnlichen Sinn); Mensch mit Mensch – die Einheit von Ich und Du – ist Gott.«

Fichte ist weniger überschwenglich. Von »einem gewissen Re-flexionspunkte« aus stellt er die Frage (ebenfalls an der zitierten Stelle) nach dem ersten Menschenpaar und verweist hier auf »eine alte ehrwürdige Urkunde«, die »überhaupt die tiefsinnig-ste, erhabenste Weisheit enthält und Resultate aufstellt, zu denen alle Philosophie am Ende doch wieder zurück muß.«

Weniger biblisch: Woher nimmt endliches Ich gegenüber end-lichem Du das Recht, es unbedingt meinen zu können, zu dürfen, gar dies zu sollen? »Unbedingt meinen« hat dabei einen doppel-ten Sinn: sowohl den, daß man den andern, bei all seiner erkann-ten Bedingtheit, unbedingt will – in Achtung und Liebe, wie daß man ihn für sich selbst, bei aller erkannten eigenen Bedingtheit,

[20] Siehe oben S. 27f.
[21] Bezeichnenderweise erreicht das Kind sein Selbstbewußtsein nicht erst dann (wie man auch heute noch häufig hört), wenn es ›Ich‹ sagen lernt. Vor-her schon weiß es sich in seinem Namen, während ›Ich‹ und ›Du‹ ihm noch lange Schwierigkeit machen. Und dies eben darum, weil diese Wörter – nur jeweils aus der Situation und der wechselnden Perspektive bestimmt – gerade nicht mit einer einzigen Person verbunden werden dürfen.

unbedingt verpflichtet – zwar nicht zu persönlicher Liebe[22], doch zu personaler Achtung[23].

Dasselbe ließe sich an den logischen Grundsätzen allen Redens zeigen. Wahrheit, das Gute, das Licht unserer Gemeinschaft, all das wird zwar, wie oben bedacht, nur in unserer wechselseitigen Bejahung überhaupt sichtbar; sichtbar wird so aber gerade, daß es deshalb nicht etwa *durch* dieses Ja ist, sondern ihm notwendig vorhergeht. »Solches Vorhergehen zeigt sich im Anspruch, auf den die Bejahung die Antwort gibt.«

Je tiefer der Ernst[24], je wacher die Freiheit ist, darin Menschen sich einander ihre Namen geben, desto klarer ist ihnen bewußt, daß hier nicht einfach sie verfügen. Sie sprechen vielmehr – in welch genauerem Sinn auch immer – von *Fügung*. Sicher nicht *sich*, aber auch den *anderen* nicht (schon weil der es entsetzt von sich wiese) verwechselt der in Wahrheit Liebende mit jenem namenlosen Woher erfahrener Fügung, das er Gott nennt; dann aber auch nicht ihrer beider Gemeinschaft. – Wie Bernhard Welte es formulierte, von allen Literaturen bestätigt, »sind die Liebenden, sofern sie dies wesenhaft sind, einfach durch ihre Liebe fromm«[25]. Das heißt, ihr »Ineinanderblick« und ihre Wechselrede vollenden sich immer neu im Aufblick und im gemeinsamen Wort zu der Macht, die ihnen gewährt hat, sich ein-

---

[22] Auch wenn man heute immer wieder von einem Recht auf Liebe oder Glück lesen kann, als gäbe es nicht bloß (in denkenswerter Asymmetrie) für alle die *Pflicht* zu Liebe und Beglückung, während wir zwar alle Liebe und Glück brauchen, doch eben so, daß jedem von uns mehr notwendig ist, als er von sich aus beanspruchen kann. Vgl. etwa Max Frischs Tagebuchnotizen über das ebenso lebensnotwendige wie unerzwingbare, nicht einmal zu fordernde »Klima der Sympathie« (den »Schutzengel«, den wir stets brauchen). Tagebuch 1946–1949, Frankfurt/M. 1950, Neujahrstag 1949 (Ges. Werke, Frankfurt/M. 1976, II [wa 4] 635ff).

[23] Gotteserfahrung im Denken, Kap. 4 und 7. Zum Humanum im Christentum und im Marxismus, in: Kirche in Not XXII. Humanismus-Marxismus-Christentum, Königstein o. J. (1974) 11–32 (auch in: Stimmen der Zeit 192 [1974] 740–754).

[24] Vgl. M. Theunissen, Der Begriff Ernst bei Sören Kierkegaard, München 1958.

[25] Auf der Spur des Ewigen, Freiburg 1965, 135f.

ander zu gewähren. Ihr Wir spricht sich aus im gemeinsam gesprochenen Du [26].

»Fromm« aber heißt hier vor allem (und gilt natürlich nicht nur von den Liebenden, sondern von jedem, der Sinn – die Schrift Israels und der Christen sagt: Heil – erfuhr) *dankbar*. Damit haben wir endlich ausdrücklich das Thema dieses Schlußkapitels erreicht.

Antwort des Gerufenen: Dank – Bitte – Lob

Ohne solch langen Anweg indessen könnte man wohl kaum philosophisch grundlegend das Gebet von dem Anschein befreien, es sei ein zusätzliches, wenn nicht nebensächliches Tun unter anderm [27]. Hier aber soll es, aufgrund alles bisher Entwickelten, als *Grundvollzug* endlicher Freiheit deutlich werden.

Dabei ist mit Gebet freilich nicht schon und nur das ausdrückliche private oder gemeinsame »Sprechen zu Gott« gemeint, sondern zunächst ein Grundvollzug: jener prinzipielle und umgreifende Aspekt an der Wirklichkeit von Person, der dann – und zwar nicht beliebig, sondern wesentlich – sich in einer bestimmten, eben der religiösen, *Dimension thematisiert* und hier konkret wird im ausdrücklichen Gebet. Der Mensch als Wesen des Wortes ist ursprünglich Wesen von Antwort.

1. Diese Antwort, hat es geheißen, ist allererst Dank. Andacht, erinnerte Hegel, kommt von Denken. Ebenso hängt, wie mehrfach Martin Heidegger betont hat, mit Denken Dank und

---

[26] Für eine eingehendere Erörterung dieses Überschritts siehe: J. u. I. Splett, Meditation der Gemeinsamkeit. Aspekte einer ehelichen Anthropologie, ²A-St. Michael 1981, I 3.

[27] Übrigens sei zwar nicht erörtert, wie es überhaupt im grundsätzlichen Denken um Weg und Ziel, um Veränderung des inneren Ortes und um nach Hause tragbares »Ergebnis« stehe (das beträfe auch die so berühmte wie [weil?] etwas simple 11. »Feuerbach-These« Karl Marx', die statt »nur« Interpretation endlich Veränderung der Welt verlangt); doch ein Hinweis Max Müllers sei weitergegeben, wonach bei einer Treibjagd (»Jagd nach dem, was [in Wahrheit] ist«, nennt einmal Sokrates die Philosophie – Phaidon 66 c) der Schuß selbst die mindeste Zeit und den wenigsten Aufwand erfordert.

Dankbarkeit zusammen [28]. In der Tat sollte es keiner Worte bedürfen, damit klar sei: ein Wesen, das sich und sein Leben nicht selber ermöglicht, das sich einem Ursprung verdankt, hat im Bedenken seiner Existenz nicht nur einfach sich und sein Dasein, sondern gerade auch dieses Verdanken seiner wissentlich und willentlich zu vollziehen, das heißt aber: zu danken.

Wer sich und den andern nicht schafft, der kann sich und den andern und alles nur annehmen. Annahme aber ist, wie oben S. 40 bedacht, der Grundvollzug von Dank [29]. Anders gesagt, es geht um die Grundannahme von »Kontingenz«, das heißt um die Erkenntnis und Anerkenntnis der Unselbstverständlichkeit dessen, was ist. »Kontingit« heißt: es trifft sich, trifft ein, es glückt, und sagt damit ein Doppeltes: 1. was sich da ereignet, muß(te) nicht sein, 2. »glücklicherweise« ist es gleichwohl (sei dieses »Glück« nun »fortuna secunda« oder »adversa«, das heißt, zeige es sich dem Betroffenen günstig oder zuwider).

An beidem nun setzen, und nicht erst heute, Einwände gegen das Vorgetragene ein. Zum ersten braucht man nicht viel zu sagen. In der Selbsterfahrung von Freiheit, in der Erfahrung des unbedingten Anspruchs an sie und in der Erfahrung, rechtens für sich unbedingte Achtung verlangen zu dürfen, erfährt Person unmittelbar, daß sie nicht bloßer Naturnotwendigkeit oder (was zuletzt auf dasselbe herauskäme) purem Zufall entspringt. Sie muß nicht sein, sie soll und darf es [30].

Zum zweiten *kann* man nicht viel sagen, nämlich zu der Frage von Übel und Schuld; dazu, daß keineswegs alles, was uns begegnet, *beglückenderweise* so ist, wie es ist [31]. Immerhin, wenn man dem Glaubenden vorhält, Glück sei, wenn nicht gar Zynis-

[28] Z.B. Was heißt Denken?, Tübingen 1954, 91–95.

[29] Plutarch: »Denn die gute Tat bedarf nicht weniger des Empfangenden als des Gebenden und wird erst durch beide zur schönen Vollendung geführt, und wer sie nicht annimmt, der tut ihr Unehre an, wie wenn er einen wohlgezielten Ball nicht fängt, sondern zu Boden fallen läßt.« Über den Schutzgeist des Sokrates, in: Über Gott und Vorsehung, Dämonen und Weissagung. Religionsphilosophische Schriften (K. Ziegler), Zürich-Stuttgart 1952, 231.

[30] Siehe oben S. 59; Gotteserfahrung im Denken, Kap. 4; Konturen der Freiheit, Kap. 1.

[31] Gotteserfahrung im Denken, Kap. 9 (Die Frage Hiobs).

128

mus, mindestens Gedankenlosigkeit, so muß ihm die Antwort erlaubt sein, daß Widersinn erfahrenen Sinn nicht ungültig macht, und außerdem die Gegenfrage, wieviel Mangel an Gedenken umgekehrt in der Behauptung wirke, alles liege völlig im argen.

Mehr als nur ein »argumentum ad hominem«: Wer, der vertritt, er wisse nicht, wofür danken, könnte das überhaupt artikulieren, wenn ihm nicht jenes Ausmaß unselbstverständlicher Liebe geschenkt worden wäre, ohne das er längst – am Syndrom des »Hospitalismus« – zugrundegegangen wäre? Und will er erwidern, er spreche gerade für jene, die sich eben deshalb selbst nicht äußern können, dann wird – allen weiteren Erörterungen zuvor – sein mitmenschliches Engagement nur dadurch glaubhaft, daß es sich mit dem Dank an jene verbindet, ja aus ihm sich speist, denen er sein Sich-engagieren-Können und -Wollen verdankt. Und dieser Dank bleibt nur ein solcher (ohne schließlich doch bio-psychologisch wegerklärt werden zu müssen), wenn er sich zugleich als Dank an Den erkennt, dem sie verdanken, daß jemand ihnen etwas verdankt.

Im übrigen ließe sich zeigen, daß tätige Hilfe, jegliche Form von aktiver Veränderung bestehender Verhältnisse, wenn sie nicht verkappte Verzweiflung, und das heißt zuletzt: zerstörerisch sein soll, Hoffnung voraussetzt. Hoffnung aber lebt aus der Überzeugung (und dankt noch einmal dafür, daß ihr diese geschenkt ist), es gebe trotz aller Sinnwidrigkeiten eine Garantie, und das besagt notwendig (etwa gegen Ernst Bloch[32]): einen Garanten, endgültigen Sinns.

Dank ist, anders gesagt, das Wort des Glaubens[33] endlicher Freiheit. – Glaube besagt, philosophisch gesprochen, eine Ge-

[32] Vgl. J. Splett, Docta Spes, Zu Ernst Blochs Ontologie des Noch-Nicht-Seins, in: Theol. u. Philos. 44 (1969) 383–394. – Von dorther dürfte klar sein, in wiefern Hegels »Orientierung« an der Morgenzeitung (Anm. 4) nicht genügt: wo ist ihr »Ostpunkt«, will sagen, woher hat sie das Prinzip ihrer Hermeneutik? In welchem »Licht« sieht sie die ihr angebotenen Fakten?

[33] Vgl. den hilfreichen Entwurf einer Theologie des Gebetes von O. H. Pesch: Sprechender Glaube, Mainz 1970.

samtdeutung vorgefundener Fakten, die – als *Gesamt*auslegung – sich aus den Fakten allein nicht als einzig mögliche ausweisen kann, in die also Entscheidung mit eingeht. Wort und Tat eines andern als Zeichen ehrlichen Wohlwollens zu akzeptieren (es ihm »abzunehmen«): ihm also zu glauben, daß er sagt, was er meint, und in Wahrheit so ist (zumindest sein will), wie er sich gibt, stellt jene Annahme dar, von der es vorhin hieß, sie sei bereits der Grundvollzug von Dank. Die Ausdrücklichkeit dieses Vollzugs ist das Dank*wort*.

Wenn Sinn nur so *erfahren* werden kann, daß man ihn *glaubt* [34] (vom Widersinn gilt das übrigens gleichfalls), dann erfüllt solche Sinn-Annahme sich im Dank [35].

2. Das gefallene Stichwort »tätige Veränderung« zielt jedoch eigentlich nicht mehr so sehr auf die Frage des Danks, direkt betrifft es in den heutigen Diskussionen das Gebet gemäß seinem etymologischen Grundsinn: als Bitte.

Beten als Bitte, erklärt man uns, sei infantil. Sein Muster: das Kind, das auf dem Weg von der Schule nach Hause die roten Striche im Schulheft wegbeten will. Das Bittgebet denke sowohl von Gott wie vom Menschen zu niedrig.

Das erste Schlagwort hierzu lautet »Manipulation«. Als Antwort darauf sei jetzt nur ein Text Hegels zitiert: »Man hat, z. B. auch in der Kantschen Philosophie, das Beten so ansehen wollen als sei es Zauberei [dies war damals das Wort], weil der Mensch nicht durch natürliche Vermittlung, sondern vom Geist aus etwas dadurch bewirken will. Aber der Unterschied ist, daß im Gebete der Mensch sich an einen absoluten Willen wendet, für den doch der Einzelne Gegenstand der Fürsorge ist, der das Erbetene gewähren kann oder nicht, der überhaupt dabei vom

---

[34] Vgl. Glaubenserfahrung heute – frommer Selbstbetrug?, in: K. Rahner-O. Semmelroth (Hrsg.), Theologische Akademie 10, Frankfurt/M. 1973, 9–24; Gotteserfahrung im Denken, Kap. 2.
[35] Hochgestalt solchen Danks ist das Fest. Vgl. J. Pieper, Zustimmung zur Welt. Eine Theorie des Festes, München ²1964. (Die Tag- und Nachtbücher [1939–1945] Theodor Haeckers beginnen mit der Eintragung: »Mißtraue jeder Freude, die nicht auch Dankbarkeit ist.«)

Nutzen des Guten bestimmt ist.«[36] – Mit einem Wort: Gebet zur Allmacht ist das völlige Gegenteil jeder Magie.

Wir haben hier nicht von Fehlformen und Selbstmißverständnissen, die bekannt – und offenbar unausrottbar – sind, zu handeln, nicht vom stets auch gegebenen Unwesen, sondern vom Wesen des Betens[37]. Dazu aber sei hier als These vertreten: Wie der Dank das Wort des Glaubens als der Selbst- und Welt-Annahme endlicher Freiheit ist, so bedeutet die Bitte das Wort der Hoffnung als Grundvollzug angewiesener Freiheit. Ist Dank der Vollzug gewährter Herkunft, so Bitte die Weise, wie Endlichkeit fundamental ihre Zukünftigkeit vollzieht. – Das ist nun zu erläutern.

Am Anfang der neuzeitlichen Philosophie hat René Descartes das Gemeinte in aller zu wünschenden Deutlichkeit formuliert: »Man kann die gesamte Lebenszeit in unzählig viele Teile teilen, deren jeder von den übrigen in keiner Weise abhängt. Dann folgt also daraus, daß ich kurz zuvor existiert habe, keineswegs, daß ich jetzt existieren muß, es sei denn, daß irgendeine Ursache mich für diesen Augenblick gewissermaßen von neuem schafft, das heißt, mich erhält.«[38]

Anders – personaler: der Anspruch, der sich und mich mir gibt, verlangt seine Annahme. Angerufene Freiheit, die sich als Gabe erhält, erhält sich darin zugleich als *Aufgabe* ihrer, und dies so, daß eben dies Annehmen ihrer selbst, die Erfüllung der ihr gegebenen Aufgabe noch einmal ihr gegeben werden muß[39]. Dies bedacht, zeigt sich, daß Bitte nicht etwas ist, das gänzlich anders und neu neben dem Dank steht. Dank ist vielmehr nur

---

[36] G. W. F. Hegel, Die Naturreligion (G. Lasson 1927), Neudruck Hamburg 1966, 80 (Jub. Ausg. 15, 301).

[37] Vgl. oben S. 52f.; Der Mensch ist Person, Kap. 4 (zu Pseudoreligion).

[38] Meditationes de prima philosophia, 1641, 53 (3. Med. Nr. 36 nach Buchenau, nach Adam & Tannery Nr. 31)

[39] Siehe oben S. 10ff u. S. 24f: ich bin noch nicht der, der ich bin – und es ist nicht einfach in meiner noch in unserer Hand, ob ich es werde. Mein Wollen stößt nicht nur an Grenzen der Realität (»man kann nicht alles, was man will«), sondern auch an innere Grenzen (vielleicht »kann man gar nicht wollen«, »bleibt man sich aus«).

dann wirklich Dank, das heißt Anerkenntnis *vollen* Sich-Ver-
dankens, wenn er sich ins Bitten vollendet.

Das meint: abkünftige Freiheit verdankt nicht nur Herkunft
und Gegenwart ihrem Ursprung, sondern auch ihre Zukunft. Sie
kann darum nicht den Dank für das bisher Gewährte »hinter
sich bringen«, um dann sozusagen allein, aus eigener Kraft ihr
Leben fortzusetzen. Auch für mein Morgen habe ich zu danken
– und kann das schon heute sagen. Andererseits bin ich nicht
sicher, dieses Morgen zu erleben. Darum erhält mein heutiges
Dankwort die Sprachgestalt des Konditionalen: »Ich danke Dir
mein Morgen, *wenn* ich es erhalte.« – Schließlich ist es dem Menschen – rechtens – nicht gleichgültig, *ob* er das Morgen (und wie
er es) erleben wird. Leben heißt hoffen. Darum spricht das bloße
Bedingungsgefüge noch nicht voll aus, was er meint.

Unser Grundwort bezüglich der Zukunft hat also in einem
drei Momente zu artikulieren: das Bekenntnis der eigenen
Machtlosigkeit (die das Morgen nicht machen, nur annehmen
kann), das Bekenntnis zur Freiheit jener Macht, der wir dieses
Morgen verdanken, wenn sie es gewährt (ohne daß sie dies
müßte), und das Bekenntnis unseres Wunsches nach Zukunft,
unserer Hoffnung darauf. Soll und will nun der Mensch diese
Dreieinheit nicht bloß in theoretischem Reden-über, sondern in
personaler Anrede zur Sprache bringen, dann kann er dies allein
in der Sprachform der Bitte.

Deshalb bittet der Dankbare: nicht weil er meint, Gott müßte
zu weiteren Gaben erst von ihm genötigt werden, sondern um
im Gegenteil die Freiheit seiner Gabe zu bekennen, die allein
in solchem Bekenntnis als das entgegengenommen wird, was sie
ist: als freies Geschenk. – Hierher gehören jene Texte der christlichen Glaubensurkunde – bei allen Mahnungen zum Bittgebet[40] –, wonach Gott seinerseits sich dem Menschen anbietet[41],
ja ihm – in seinem Sohn – schon alles gewährt hat (Röm 8,32)[42].

---

[40] 1 Thess 5,17; Lk 11,5–8; 18,1–5.
[41] Is 65,1–3; Ez 16; Os 11; Mt 18,11–14; 22,1–10; 23,37–39; 2 Kor
5,20–6,2.
[42] Ernst Hello – er nennt das Gebet einmal »den menschlichen Stil in
seiner eigentlichsten Vollendung (Der Mensch, Leipzig 1935, 368) – hat zu

132

So reich und vielfältig wie auch das Leben des Menschen sind seine Erwartungen an die Zukunft. Er erhofft Großes und Geringes, engagiert sich in übergreifenden Lebensentwürfen, steht unter Weltängsten, freut sich auf ein gutes Gespräch unter Freunden heut abend... Worauf (siehe oben S. 60) stützt er sich nun mit seiner Hoffnung? Nur auf sein eigenes Können, auf die Gesetze des Weltlaufs, sein »Glück« – oder zuletzt auf die Treuezusage eines persönlichen Gottes? – Anders gesagt, wird unsere Hoffnung durch die Grenzen unserer eigenen Leistungsfähigkeit begrenzt (so daß jenseits dessen nur ein resignierendes »Schön wär's [gewesen]« oder utopische Wunschträume blieben) oder reicht Hoffnung begründet darüber hinaus – als dialogische Hoffnung?

Dabei war bislang allein von Endlichkeit die Rede, nicht von Schuld. Schuld, die kein Bessermachen gutmachen kann, ist allein durch Vergebung aus Gnade zu tilgen. Und der Schuldige weiß das. So wie »Vorsatz« ohne »Reue« keiner wäre (sondern bestenfalls – scheiternde – »Flucht nach vorne«), so wäre Reue nicht sie selbst (sondern »Gewissensbiß«, »Selbstkritik« oder Verzweiflung), bäte sie nicht um Verzeihung.

Zunächst richtet sich diese Bitte gewiß an den Menschen, den man verletzt hat. Aber sie reicht zugleich, wie vorher der Dank, über ihn hinaus. Denn einmal hat man nicht nur ihn verletzt, sondern darin auch jene Wirklichkeit, die J. G. Fichte in Jena die »moralische Weltordnung« und die Bibel den »Himmel« genannt hat (vgl. Lk 15,21: »Vater, ich habe mich gegen den Himmel verfehlt und vor dir«). Sodann: sollte der andere völlig auf *mein* Vergeben angewiesen sein – angesichts dessen, daß Vergebenkönnen noch in wesentlich höherem Sinn eine »göttliche Möglichkeit« des Menschen ist (S. 38) als das Vertrauen, so daß wir entweder vergessen (und damit nicht mehr vergeben müssen) oder zwar vergeben, aber nicht vergessen können (vielleicht

jenem Text aus der Chronik, wonach Jahve Salomo zu einem Wunsch auffordert und dieser Weisheit erbittet (2 Chr 1,7ff), notiert: »Salomo bittet Gott um das, was Gott ihm geben will und Gott gibt ihm das, was er begehrt hat, ohne daß er darum bat... Ist das nicht wie ein offenes Fenster, geöffnet auf einen unermeßlichen Ausblick?« (Worte Gottes, Leipzig 1935, 50).

gar nicht vergessen dürfen)? Und schließlich: Welche Zukunft hat man, wenn das Opfer tot ist? – Jedenfalls hier reicht es keineswegs zu, das Bittgebet nur als den (sich noch theistisch mißverstehenden) Versuch zu deuten, meditativ mit dem Weltlauf in Einklang zu kommen.

Verzichtet der Schuldige darauf, sich seine Schuld wegzuerklären, wehrt er sich dagegen, sie sich wegerklären zu lassen (eine Operation, in deren Konsequenz die Wegerklärung seiner Freiheit, also seiner Menschlichkeit, läge)[43], dann stellt sich zuletzt die Alternative: bleibendes, unaufhebbares Unheil oder Hoffnung auf unausdenkbare Neuschöpfung durch göttliche Vergebung. Und es meldet sich zugleich die Frage, ob angesichts dieser Alternative der Mensch überhaupt dazu fähig sei, sich schuldig zu bekennen, es sei denn aus der Kraft der Hoffnung auf solche Vergebung aufgrund der Gnadenzusage seines Gottes.

In der Tat spricht alles dafür, daß der Mensch nicht bloß sein Schuldbekenntnis einzig als Bestandteil einer Bitte um Vergebung aussprechen kann[44], sondern daß er darüber hinaus dieses bloß als *Antwort* auf ein Urteil sprechen kann, das seinerseits nicht einfach sagt: »Du bist schuldig«, sondern: »Ich biete dir Vergebung an (denn du bist schuldig und deshalb ihrer bedürftig) – darum rufe ich: kehre um!«[45]

---

[43] Konturen der Freiheit, Kap. 4.

[44] Ein ohnmächtig trotziges Sich-auf-die-Schuld-Versteifen würde sie doch nicht wirklich als Schuld (an)erkennen. Ihre wahre Sinnlosigkeit und Nichtigkeit (nach F. von Baader ist ihre Größe die eines Bruchs mit wachsendem Nenner) wird erst dem Bereuenden in der Abkehr von ihr deutlich.

[45] Dieser Antwort-Charakter der Vergebungsbitte erklärt dann auch den Zusatz des Herrengebetes: »wie auch wir vergeben...« Unmöglich nämlich kann es sich hier um eine vorausgehende Bedingung handeln; Gott begnadigt unbedingt. Doch man verscherzt diese Gnade, wenn man nicht aus ihr lebt. – Veranschaulichung dieses Sachverhalts ist das Gleichnis vom großmütigen König, der seinem Knecht eine riesige Summe erläßt und dies widerruft, als der Knecht nun seinem Schuldner gegenüber (wegen einer wesentlich kleineren Summe) kein Erbarmen übt (Mt 18,23–35).

Und wieder: Wie das Bekenntnis der Schuld dürfte auch das Vergeben dem Menschen nur aus jener Lösung und Befreiung her möglich sein, die ihm die Botschaft göttlicher Verzeihung zuspricht. Weniger wohl der Stolz als vielmehr die Angst erlauben ihm sonst keine Großmut, und dies nicht

So hängt offenbar alles an dem möglichen Zuspruch, auf den die Vergebungsbitte Antwort sein darf. Wenn die göttliche Macht nicht *ansprechbar* wäre (im doppelten Wortsinn) und wenn sie ihrerseits nicht an- und zusprechen könnte, wenn ihre Wirklichkeit unterhalb des Duhaft-Personalen läge, wäre Verzeihung nicht möglich.

Die Grundentscheidung in dieser Frage entspricht der eben angesprochenen Wahl. Dort ging es darum, entweder meine konkrete Schuld vom möglichen bzw. nicht möglichen Schuldigwerden und -seinkönnen des Menschen her zu denken (also wegzudenken) *oder* Freiheit und Schuldmöglichkeit des Menschen von meiner konkreten wirklichen Schuld her zu begreifen. Jetzt geht es darum, entweder die Möglichkeit (bzw. Unmöglichkeit), den möglichen Sinn (bzw. Unsinn) des Gebets von einem anderswoher konstruierten Begriff des Heiligen aus, vom Göttlichen, Ganz-Anderen oder wie immer her zu denken *oder* vom gelebten, vollzogenen Gottesbezug her, vom Gebet *zu* Gott, das Reden von und über Gott zu erwägen.

»Mein Gott«, sagt der Beter; dieses Grundwort spricht Ijob, es wird vom gekreuzigten Jesus überliefert, es wurde in den Qualen nicht nur etwa des Dreißigjährigen Krieges gesprochen, und wir wissen, daß es auch in den nazistischen Vernichtungslagern nicht erstickt werden konnte.

Es ist hier weder ein Gottesbeweis noch eine »Theodizee« beabsichtigt, also eine »Rechtfertigung Gottes« angesichts des überwältigenden Leids und Elends dieser Welt (dafür siehe oben Anm. 30 und 31). Wohl aber dies:

Erstens wird Achtung und Respekt für den Beter gefordert, gegen die Unterstellung, er habe entweder den Ernst des Lebens nicht begriffen oder nichts Schweres erlebt oder er habe ein so »dickes Fell«, daß ihn nichts anfechte, oder er rette sich infantil

---

minder, ja erst recht dann, wenn Vergeben keine Großmut wäre, insoweit man nämlich selbst »nicht ohne Sünde ist«. Statt sich im gemeinsamen Elend zu solidarisieren, würde man vielmehr erst recht darauf sehen, an das Seine zu kommen – oder auch vom Seinen und sich selber abzulenken (vgl. Gen 3, 12).

in ein Märchenland von zauberhafter Wuncherfüllung. – Das ernste Zeugnis empfangenen Sinns ist ebenso menschlich-brüderlich ernst zu nehmen wie die Zeugnisse des Sinnentzugs.

Zweitens sei in aller Schärfe die Alternative herausgestellt, die sich hier auftut, ohne verschleiernde Mittelpositionen, die nicht anders als vorläufig sein können. Wenn der Mensch, will er die Wahrheit über sich nicht niederhalten, sich schuldig bekennen muß, dann bleibt ihm letztlich nur die Verzweiflung einer Hoffnungslosigkeit ohne Gott oder Hoffnung auf jenen, der sagen kann: Ich mache alles neu (Offb 21,5).

Und darf man – im Gegenzug zur Verdächtigung der Religion auf die Unmenschlichkeit ihrer Hoffnung – nicht auch einmal fragen, wie man solche Verzweiflung menschlich zu leben vermöchte: im Weiterleben mit der eigenen Schuld, mit der Schuld anderer und zuletzt mit dem Leid und Tod der andern, besonders der schuldlosen Kinder?

Man mag der Frage erwidern, eben dieses Übermenschliche sei von uns gefordert, und Religion sei gerade die Flucht vor solcher Überforderung. Aber unsere Frage meinte »menschlich« nicht als Gegenwort zu »übermenschlich«, sondern durchaus zu »unmenschlich«. Denn fraglich ist gerade, ob ein solches Leben wirklich übermenschlich und nicht eher unmenschlich werden müßte, verstünde der Mensch sich nicht auf »glückliche Inkonsequenzen«. Denn unmenschlich würde es eigentlich gleichermaßen, wenn er sich noch Freuden gönnte (»guten« oder schlechten Gewissens), wie wenn er sich rastlos, hoffnungslos für die Verbesserung der Welt verbrauchte. (Und wiederum geht es, siehe oben S. 52f, nicht um Tatsächlichkeiten, sondern um das Prinzip einer möglichen Korrektur.)

Doch damit genug zu den dunklen Fragen um Schuld und Tod! – Ob hier oder wie in Salomos Wunsch, stets jedenfalls ist die Bitte des Geschöpfs, Wort seiner Hoffnung, Lob des Herrn, aus dessen freier Zuwendung es sich und sein Handelnkönnen empfängt. – Wieweit also wäre in der modischen Abwehr des Bittgebets auch der geheime Wille zur Verweigerung des Lobes unserer Kreatürlichkeit wirksam? (Und – psychologisch gewendet – wieweit in der Angst unserer »Mündigen« vor dem Kindsein pubertäre Selbstinflation?) Anders gesagt: Inwieweit wird in der Warnung vor der »Indienstnahme« Gottes eine Herr-lichkeit abgewehrt, die selber sich als dienstbar offenbart hat? Sie »dient« tatsächlich als tragender (Ab-)Grund unser und unserer Welt[46].

Indem der Dank gerufener Freiheit sich in der Bitte vollendet, bezeugt er die Absolutheit, die Göttlichkeit des erfahrenen Anrufs, den man nie hinter sich bringt, der vielmehr stets neu auf mich zu-kommt und immer neu mir – mich und sich und alles andere gibt[47].

---

[46] Siehe oben S. 112 mit Anm. 36 u. 37. Zu Joh 13, 1–15: Die Abwehr des Petrus richtet sich nicht gegen die Konsequenzen eigenen Dienens (Joh 13, 14f), das will er wie die sozialen jungen Leute heute, sondern gegen den Dienst der ihn demütigend erhebenden Gnade. – Ausführlicher hierzu und zum folgenden: Die Rede vom Heiligen 343–350.

[47] »So kennzeichnet es den wahrhaft Hoffenden, daß er sich offenhält für eine Erfüllung, die jeden denkbaren menschlichen Entwurf übersteigt.« Und »weil das Bittgebet nichts anderes ist als der Ausdruck der Hoffnung, der adäquateste vielleicht, den es gibt (petitio est interpretativa spei – so Thomas von Aquin, Summa theologica II–II 17, 2, obj. 2), darum gilt genau das gleiche auch für den auf die rechte Weise Betenden. Auch er hält sich offen für eine ihm letztlich unbekannte Gabe; und wenn ihm das konkret Erbetene nicht zuteil wird, bleibt er dennoch der Nicht-Vergeblichkeit seines Gebetes gewiß.« (J. Pieper, Hoffnung und Geschichte. Fünf Salzburger Vorlesungen, München 1967, 122 u. 136.) – In der Tat identifiziert sich der Mensch nicht mit allen seinen Hoffnungen (S. 133) in gleichem Ernst. Hier gibt es Grade der Entschiedenheit und sogar die Pflicht zur Selbstkorrektur. Darauf zielt die in Anm. 42 genannte Salomo-Episode und die neutestamentliche Rede vom Gebet »im Namen Jesu«, d. h.: in seinem Geist. Was von »außerhalb« als dumm-schlaue Konstruktion wirkt (wenn ich nur beten solle: »Dein Wille geschehe!«, dann könne ich der Erhörung freilich gewiß sein), erhält im Verständnis des Glaubenden eine Dialektik, die jenseits von Fatalismus und Eigensinn eben jene offene Dynamik verwirklicht, die präzise die Lebendigkeit des Lebens ausmacht.

Dessen Menschlichkeit nun zeigt sich nicht zuletzt in der Solidarität mit den Toten. Wenigstens anmerkungsweise sei darum auch zum Bitt-Gebet für die Verstorbenen Stellung genommen. Bedenkenswert ist, was Walter Kern schreibt: »Die Folgen der Schuld früherer Generationen aufzuarbeiten und wegzuschaffen: das ist unsere Aufgabe – und unser Beitrag zum ewigen Leben der Toten. Wer in seiner Umwelt und in sich selber Böses überwindet, hilft jene, die es mitverursachten, zu lösen aus ihrer Unheilsverstrickung …

3. Bleibt dies der »Andacht« und »Aufmerksamkeit« bewußt, dann darf man schließlich – in gebotener Behutsamkeit – auch von der höchsten Möglichkeit menschlicher Antwort sprechen: dem reinen Lob.

Behutsamkeit ist hier darum geboten, weil zunächst gilt, daß der Lobende sich mit seinem Lob auf eine Stufe mit dem Gelobten stellt – wenn nicht gar höher. Und zwar entschiedener als etwa in der Kritik; denn der Kritiker muß nicht in jedem Fall beanspruchen, das Ganze adäquat zu überschauen; er ist im Recht, wenn ihm ein Fehler auffällt – jedenfalls dann, wenn es klar ist, daß man ihn nicht als mögliches »Kontrastmoment« vermitteln kann und darf. Doch anders jener, der lobt (»malum ex quocumque defectu, bonum ex integra causa – schlecht ist etwas aufgrund irgendeines Defekts, gut [nur] bei gänzlich unverkürztem Sachverhalt«).

Noch wichtiger aber als dieser »objektive« Aspekt dürfte der subjektiv-innere sein. Im wahren Lob nämlich sieht der Lobende von sich ganz ab. Wir stehen damit bei der Diskussion um François Fénelon, dessen Lehre vom »amour pur« (caritas pura) 1699 durch Innozenz XII. verurteilt worden ist (DS 2351 ff) [48]. Gehört es nicht zur Kreatürlichkeit unseres Lobes und damit zur Wahrheit und Wahrhaftigkeit des Lobs des Geschöpfes, daß es nicht versucht oder behauptet, von sich abzusehen? »Von sich«, das heißt hier ja, von seinem Sich-geschenkt-Sein und -Werden, also von seinem Angewiesensein durch und auf den göttlichen Herrn.

Wer für die Toten betet, tut und erreicht gar nichts (oder nicht viel), wenn er nicht sich selber dabei zum Besseren wandelt und damit um ein kleines oder größeres Stück diese Welt besser macht« (Alter Glaube in neuer Freiheit, Innsbruck 1976, 21). Beten muß tatsächlich »Aktionscharakter« erhalten; bloße Worte dürfen Gebete nicht bleiben. Doch andererseits kehrt die entscheidende Frage wieder: reicht die Hoffnung unserer Treue nur so – wenig – weit wie unser eigenes Leistungsvermögen oder reicht sie begründetermaßen darüber hinaus? Solches Darüber-hinaus jedenfalls, welches allein auch unverkrampftes und resignationsfreies Wirken ermöglicht (es fordert und trägt), »interpretiert« sich, wenn es nicht sprachlos bleiben soll, im Gebet für die Toten.

[48] Vgl. H. Kuhn, »Liebe«. Geschichte eines Begriffs, München 1975, 153–165.

– Schon zwischen Menschen wäre den Geber zu loben statt ihm zu danken wohl eher beleidigend arrogant.

Oder doch nicht mit Notwendigkeit? »Die Sterne, die begehrt man nicht, man freut sich ihrer Pracht« schreibt Goethe ein wenig resignativ im Gedicht »Trost in Tränen«[49]. Aber kann Schönheit nicht wirklich zu, wie Kant sagt, »interesselosem Wohlgefallen« befreien (siehe oben S. 94f)? Und so auch die Anmut des geliebten Menschen? Eduard Mörike beginnt eins der schönsten Liebesgedichte unserer Sprache mit der Zeile: »Wenn ich von deinem Anschaun tief gestillt.« (Damit klingt übrigens, wie bei ›Andacht‹ und ›Aufmerksamkeit‹, das Thema ›Meditation‹ zumindest an. Es sollte hier darum im Hintergrund bleiben, weil die gegenwärtige Situation wohl eher verlangt, auf der *Dialogik* des Betens, auch und gerade von ›Andacht‹, ›Aufmerksamkeit‹ und ›Gesamtorientierung‹, zu bestehen.)

Gewiß kann nur der völlig selbstlos sein, der sich völlig besitzt. Aber gerade wenn, wie Dank und Bitte bezeugen, Gott als Geber göttlich selbstlos gibt, dann gibt er nicht sozusagen nur leihweise oder unter Vorbehalt eines Rests, er gibt gänzlich. Und indem nun gerufene Freiheit dankbar ihre Herkunft, bittend ihre Zukunft Augenblick für Augenblick wirklich erhält, indem sie aus der Freigebigkeit sie berufender Freiheit zu sich selber freigegeben wird, wird sie zugleich auch *von* sich und der Sorge um sich selbst befreit.

Dank und Bitte können sich ihr dann in dem vollenden, wofür sie immer neu dankt und worum sie immer neu bittet: im Wagnis selbstvergessenen Lobs. – Fest, hieß es vorher, ist die Vollendung des Danks. Die Mitte des Fests ist der Lobpreis.

Die Diskretion bleibt, wie gesagt, darin gewahrt, daß – in den verschiedensten Religionen – gedankt wird dafür und gebeten darum, den Herrn loben zu dürfen. Dann aber ist dieses Lob der höchste Adel des Menschen; man könnte, Montherlants Wort (S. 38) nochmals aufnehmend, sagen: es sei seine (das heißt, die ihm zugedachte) Göttlichkeit.

---

[49] Wieland-Goethe, Taschenbuch auf das Jahr 1804, 115.

Nicht mehr Herkunft und Zukunft: stehendes Jetzt – nicht als Flucht aus der Zeit, sondern als ihre Sammlung. Nicht mehr Sorge und Zweck, nicht Warum noch Wozu: reiner Sinn. Anders gesagt: im Lobpreis ist *Liebe* ganz zu dem geworden, was sie ist.

Eben dies aber, nochmals, gerade nicht als endlich doch erreichtes Selbstgenügen (Autarkie), als monologische Identität des zu sich gekommenen Selbst, sondern als Göttlichkeit des Geschöpfs, *geschenkte* Göttlichkeit, als Vollgestalt einer Freiheit, die nun endlich ganz hat Antwort werden dürfen. (Darum auch nicht isoliert atomistische, sowenig wie kollektiv anonyme, sondern gemeinsame Antwort[50].) Und so, daß auch diese Vollendung – der biblische Name dafür ist »Heil« – nicht mehr im Blick steht, sondern die Freude darüber, daß der *Anruf* nunmehr die ihm entsprechende Antwort erfährt.

Nochmals die Frage: Aggression oder Faszination?

Haben wir uns damit nicht zu weit mitnehmen lassen? Ist das nicht völlig utopisch? – Zwar hat ›Utopie‹ noch immer Kredit. Glaubhafter wird das Gesagte indes wohl dadurch, daß »fragmentarisch« (Tillich), »angeldlich« (2 Kor 1,22) der Mensch durchaus *erfahren* kann, was hier anzusprechen versucht worden ist – allerdings nur im Vollzug jener ursprünglichen Praxis, die im ersten Gedankengang des Kapitels bedacht worden ist.

Diese Praxis ist, im oben definierten Sinne, Glaubenspraxis, also Sache von Entscheidung. Reflexion kann diese Entscheidung nur reflektieren, nicht setzen; sie kann sie darum nicht voll theoretisch legitimieren. Doch kann sie immerhin die Entscheidungs-Situation, also die möglichen Alternativen, offen legen. Es wäre illegitim und unphilosophisch, gäbe sie vor, daß sie wenigstens hierbei »rein theoretisch«, »rein objektiv« sei. Dies nicht

---

[50] Vgl. die Spannung der Bilder im letzten Buch des Neuen Testaments zwischen dem Namen auf dem weißen Stein (Apk 2,17) und den flutenden Chören (7,9; 14; 19).

nur deshalb, weil sie in solcher Grundsätzlichkeit nicht neutral bleiben kann, sondern weil sie es als wesentlich praktische Philosophie nicht sein *darf*.

Keiner ist hier neutral. Wie also denkt und versteht der Mensch sich selbst? Als Homo faber im weitesten Sinn, der einzig durch seine Arbeit sich und seine Welt erst herstellt, mit Prometheus als dem vornehmsten Heiligen im philosophischen Kalender[51]? Dann wären die Grundkategorien Kampf und Arbeit: Aggressivität. Wie weit entspricht dies wirklich der Selbsterfahrung von Freiheit[52]? Und wie weit ermöglicht es Hoffnung, die sich rechtfertigen läßt[53]?

Der entgegengesetzte philosophische Heilige wäre wohl Sokrates, im Gehorsam gegenüber dem »Daimonion«[54]. Statt Arbeit und Kampf, die nicht fehlen, aber als *so* nicht sein sollend behauptet werden, heißen dann die Grundbestimmungen: Verdanken und Liebe.

»In einer Zeit, die mehr denn je vom Sichbehaupten des Menschen bestimmt wird und seinem Sichdurchsetzen, ist es schwer, eine Philosophie verständlich zu machen, die vornehmlich solche Wahrheit bedenkt, die den Menschen angeht gerade indem sie sich ihm entzieht, eine Philosophie, die sich nicht scheut zu sagen, daß das Sein Liebe ist. Angesichts einer zunehmend in Verzweiflung umschlagenden Unfähigkeit zur Liebe aber ist solche Philosophie vielleicht doch nicht so unzeitgemäß.«[55]

Liebe aber erfüllt sich jenseits ihrer Arbeiten und Tätigkeiten in dem Fest von Dank und Bitte und zuletzt im Lobpreis des Heiligen.

[51] K. Marx, Werke-Schriften (Lieber) I 22.

[52] Siehe oben S. 129 u. 126, Anm. 22.

[53] Siehe oben Anm. 32 und zuvor S. 35f. Vgl. H. Gollwitzer, Krummes Holz und aufrechter Gang, München 1970 u.ö. Ist die Kritische Theorie in ihrem »Elend« (G. Rohrmoser, Das Elend der kritischen Theorie, Freiburg [2]1970) hier nicht ebenso konsequenter als manch humanistischer Optimismus wie etwa in Frankreich ein Camus und Sartre in ihrer (obzwar aktiven) Resignation?

[54] Vgl. R. Guardini, Der Tod des Sokrates, Hamburg [2]1958; H. Kuhn, Sokrates. Versuch über den Ursprung der Metaphysik, München 1959.

[55] U. Hommes (Anm. 12) 380.

Liebe, schreibt Antoine de Saint-Exupéry in seinem nachgelassenen Hauptwerk [56], ist »vor allem Übung des Gebets, und das Gebet ist Übung des Schweigens«. (Auch das Schweigen sei so, wie vorher ›Kontemplation‹, zumindest angesprochen.) Eindeutig wird dieses Schweigen, indem das Gebet sich als *Anbetung* in es aufhebt [57].

Lob als Anbetung ist der Dank des Menschen an den, der ihn zum Menschsein rief, doch nicht mehr ob seines Gerufenseins, sondern einfach, weil die Göttlichkeit dieses Rufs ist, was sie ist: »Wir danken dir ob deiner Herrlichkeit« [58].

Und dies ist – es öffnet sich (Anm. 42) wahrhaft wie Fenster – nun seinerseits die herrlichste Möglichkeit und Wirklichkeit eben des Menschen und seiner Liebe. Oder gibt es Herrlicheres als die Lebensdichte und Präsenz, den »Überfluß« ganz wachen, selbstvergessenen Entzückens? [59] Es macht in der Tat nicht das Elend, sondern die Größe des Menschen aus, »daß nicht die Menschheit das Ziel der Menschwerdung ist« [60]. Als Hoffnungsziel dieses leidvollen Werdens erscheint so der befreite, von sich freie Mensch: in Gottes Licht das Licht erblickend (Ps 36,10), wird er selber »Licht vom Licht«.

[56] A. de Saint-Exupéry, Die Stadt in der Wüste (Citadelle), Nr. 73.

[57] Bild der Apokalypse dafür: das schweigende Niederlegen der Kronen (4,10).

[58] Große Doxologie der römischen Liturgie, das »Gloria«: »gratias agimus tibi propter magnam gloriam tuam.«

[59] H. v. Hofmannsthal, Buch der Freunde 35: »Wo ist dein Selbst zu finden? Immer in der tiefsten Bezauberung, die du erlitten hast.« – Enthusiasmus, »Gotterfülltheit« ist der Name Platons dafür (vgl. G. Krüger, Einsicht und Leidenschaft, Limburg 1939; J. Pieper, Begeisterung und göttlicher Wahnsinn, München 1962), und dieser Name weist auf ein Paulus-Wort vor: »Gott alles in allem und allen« (1 Kor 15,28).

[60] K. Weiß, zitiert von J. Pieper, Hoffnung und Geschichte 123.

BIBLIOGRAPHISCHE NOTIZ

Erstentwürfe zu (Teil-)Kapiteln des Buchs sind (nach der jetzigen Reihung), wie folgt, veröffentlicht worden: Anthropologie I. Philosophische Anthropologie, in: Sacramentum Mundi I, Freiburg 1967, Sp. 163–168 (auch in Herders Theologischem Taschenlexikon); Was ist der Mensch? – Die Antwort der Philosophie. I: Gerufene Freiheit, in: Paderborner Studien 1973/74, H. 2, 24–31; Aggression und Freiheit. Philosophische Reflexionen, in: Katholische Bildung 76 (1975) 5–13; Freiheit und Angst. Eine philosophische Erwägung, in: Lebendiges Zeugnis 1976, H. 2, 7–22; Ende der Wissenschaftsgläubigkeit?, in: Stimmen der Zeit 192 (1974) 339–347; Zum Phänomen der Scham. Eine philosophisch-anthropologische Betrachtung, in: Trierer Theologische Zeitschrift 84 (1975) 144–155; Selbstvergessenheit. Zum Thema Selbstverlust und Selbstgewinn, in: Geist und Leben 48 (1975) 96–106; Bildung – was ist das? Philosophische Gedanken, in: Paderborner Studien 1975, H. 6, 53–61; Antwort gerufener Freiheit. Philosophisches zum Gebet, in: J. de Vries/W. Brugger (Hrsg.), Der Mensch vor dem Anspruch der Wahrheit und der Freiheit (Festschrift f. J. B. Lotz), Frankfurt/M. 1973, 239–255; Gebet um Vergebung. Philosophische Anmerkungen zu einem kaum noch philosophischen Thema, in: Orientierung 37 (1973) 52–55.

Familie in Kirche, Gesellschaft und Staat,

herausgegeben von Günter Kolz, Vinzenz Platz und Leopold Turowski

JÖRG SPLETT

Der Mensch: Mann und Frau

Perspektiven christlicher Philosophie
112 Seiten, Paperback 15,80 DM

ELISABETH BADRY

Die erzieherische Aufgabe der Familie

192 Seiten, Paperback 24,80 DM

»Diese Grundlagenforschung ermöglicht eine sowohl kritische wie auch fruchtbare Einordnung der Einzelergebnisse, abgesehen davon, daß sie eine spürbare ›Marktlücke‹ in der Diskussion um Ehe und Familie füllt. Die Lektüre verlangt zwar ›die Anstrengung des Begriffs‹, aber sie lohnt sich — vor allem, wenn sie ins Gespräch mit anderen eingebracht werden kann.«

Mann + Christ

Durch alle Buchhandlungen

VERLAG JOSEF KNECHT · FRANKFURT AM MAIN